Joyeux Noël

Les *C*ontemporains,
CLASSIQUES DE DEMAIN

LAROUSSE

Joyeux Noël

Christian
Carion

Édition présentée,
annotée et commentée
par Charles RIVET,
docteur ès lettres

Direction de la publication : Carine GIRAC-MARINIER
Direction de la collection : Nicolas CASTELNAU-BAY
Direction éditoriale : Claude NIMMO
Direction éditoriale adjointe : Julie PELPEL-MOULIAN
Édition : Laurent GIRERD
Lecture-correction : Élisabeth LE SAUX
Direction artistique : Uli MEINDL
Couverture et maquette intérieure : Serge CORTESI,
Sophie RIVOIRE, Uli MEINDL
Mise en page : Philippe CAZABET, Marie-Noëlle TILLIETTE
Responsable de fabrication : Marlène DELBEKEN

L'éditeur tient à remercier Sophie Petitprêtre
pour son aide précieuse.

Ce livre a été publié pour la première fois
par les éditions Perrin en 2005 (collection Tempus).

Sommaire

Joyeux Noël

Christian Carion

Pour approfondir

L'auteur

Issu d'une famille d'agriculteurs, Christian Carion est né le 4 janvier 1963 à Cambrai, dans le département du Nord.

De l'environnement au cinéma

Ses études sont brillantes : bac C, classes préparatoires scientifiques aux grandes écoles, admission sur concours à l'École nationale du génie de l'eau et de l'environnement de Strasbourg (ENGEES). Jeune ingénieur, il intègre alors le ministère de l'Agriculture. Une carrière de spécialiste dans le domaine de l'écologie s'ouvre à lui. C'était sans compter avec sa passion pour le cinéma, qui le dévore depuis l'adolescence. Ses premiers pas sont modestes. Avec une caméra vidéo qu'il loue, Christian Carion réalise des courts-métrages qu'il jugera, avec le recul, « sans intérêt ».

Une rencontre décisive

Sa rencontre avec Christophe Rossignon, de quatre ans son aîné et nordiste comme lui, se révèle décisive. Diplômé de l'École supérieure de réalisation audiovisuelle, celui-ci produit depuis les années 1990 des courts- puis des longs-métrages, obtenant en 1996 le césar du meilleur producteur pour le film *La Haine*, de Mathieu Kassovitz. Il est également acteur, jouant dans l'un des courts-métrages de Christian Carion, *Monsieur le Député* (1999). Et, en 2001, il produit le premier long-métrage de son ami, *Une hirondelle a fait le printemps*. Les deux hommes ne cessent dès lors de poursuivre leur collaboration.

Cinq métiers pour une même passion

Au sein du septième art, auquel il s'adonne désormais pleinement, Christian Carion exerce plusieurs activités, qui se retrouvent rarement chez une seule et même personne. Réalisateur, il l'est certes d'abord et avant tout. Mais il est aussi, la plupart du temps, le scénariste de ses films, ou le dialoguiste quand il adapte un roman ou un récit. Il est également acteur, interprétant des rôles volontairement secondaires dans ses propres œuvres. Producteur délégué, il a enfin coproduit avec Laure Irrmann le court-métrage de Michaël Barocas, *Le Lit près de la fenêtre* (2008).

📖 Un réalisateur à succès

Son premier long-métrage (*Une hirondelle a fait le printemps*, 2001) est immédiatement bien accueilli, non seulement par le public mais aussi par la profession. *Joyeux Noël* (2005), produit par Christophe Rossignon, conquiert un public plus large encore. Voici Christian Carion connu et, plus encore, reconnu. C'est qu'il traite de sujets de société bouleversants, sur fond de guerre et d'espionnage. Fidèle en amitié, il tourne autant qu'il est possible avec les mêmes comédiens, comme Guillaume Canet.

📖 Le fondateur de l'association « Noël 14 »

Adolescent, Christian Carion aidait son père à faire les moissons durant les vacances d'été. Au milieu d'un champ se trouvait un petit cimetière où étaient enterrés des soldats britanniques, dont les âges, gravés sur leurs tombes, étaient peu ou prou identiques au sien. Après *Joyeux Noël*, l'idée lui vint de perpétuer le souvenir des soldats qui osèrent fraterniser d'une tranchée à l'autre. Il fonda l'association « Noël 14 ». Prolongeant son action, l'Artois érigea en leur honneur un monument à Neuville-Saint-Vaast. Il fut inauguré le 17 décembre 2015. Christian Carion est depuis 2011 chevalier de la Légion d'honneur.

🔍 À retenir

De formation scientifique, Christian Carion, né en 1963, est cinéaste, scénariste, parfois acteur et producteur. Chacun de ses films connaît le succès, *Joyeux Noël* encore plus que les autres. Il est le fondateur de l'association « Noël 14 », destinée à perpétuer le souvenir des fraternisations entre soldats ennemis.

L'œuvre

Christian Carion est, à ce jour (2016), le réalisateur de quatre longs-métrages et l'auteur de deux romans. Dans la plénitude de ses moyens, il est toutefois loin d'avoir achevé sa carrière.

L'œuvre cinématographique : des mots aux images

L'œuvre cinématographique de Christian Carion débute avec des courts-métrages : *Le Château d'eau* en 1998, puis *Monsieur le Député* en 1999. Deux ans plus tard, en 2001, le réalisateur signe son premier long-métrage avec *Une hirondelle a fait le printemps*, dont Michel Serrault et Mathilde Seigner tiennent les principaux rôles. Avec près de deux millions et demi d'entrées, le public réserve un accueil chaleureux à cette ode à la vie rurale. Le film est par ailleurs nominé deux fois aux Césars, notamment dans la catégorie meilleure première œuvre de fiction.

Fort de ce succès, Christian Carion travaille à *Joyeux Noël*, un projet qui lui tient depuis longtemps à cœur et qui sort sur les écrans en 2005. Quatre ans plus tard, librement adapté d'un livre d'enquêtes – *Bonjour Farewell* (1997) du Russe Sergueï Kostine –, le film *L'Affaire Farewell* (2009) relate l'une des plus grandes affaires d'espionnage du XXe siècle, dans le cadre de la guerre froide entre les deux blocs de l'Ouest et de l'Est. En 2015, *En mai, fais ce qu'il te plaît* raconte la quête d'un père allemand, opposé au régime nazi, à la recherche de son fils dans le chaos de l'exode des populations du Nord en 1940.

L'œuvre littéraire : des images aux mots

Seule la commodité justifie de distinguer entre l'œuvre littéraire et l'œuvre cinématographique. Ce sont plutôt deux volets d'une même expression et création artistique. Réalisateur, Christian Carion est aussi le scénariste de ses films (à l'exception de *L'Affaire Farewell*). Or l'élaboration d'un scénario est une écriture à part entière, au même titre que l'écriture d'un roman. S'il est courant qu'un film naisse d'un livre, c'est l'inverse qui se produit dans le cas de Christian Carion : ses romans (*Joyeux Noël*, 2005 ; *En mai, fais ce qu'il te plaît*, en collaboration avec Laure Irrmann, 2015) naissent de ses films. Les situations restent identiques, les faits demeurent les mêmes, mais l'écriture romanesque autorise une autre analyse des personnages et des événements. L'imaginaire se mêle à la vérité historique pour la rendre plus frappante, plus « vraie » en quelque sorte.

Une œuvre unanimement saluée

Les films de Christian Carion rencontrent un vrai succès populaire. C'est qu'ils évoquent souvent des aspects méconnus ou inattendus d'une réalité historique et sociale précise (la guerre, le monde de la ruralité, le stress des gens de la ville). Les personnages ne sont jamais plus humains que lorsqu'ils sont plongés au cœur d'événements qui les dépassent. Le choix des sujets et la qualité des scénarios et de la réalisation expliquent ce succès. Aussi ses films ont-ils souvent figuré dans de nombreuses sélections officielles.

À cet égard, *Joyeux Noël* constitue un exemple probant : nominé dans les plus prestigieux festivals du monde entier (notamment les Césars [dans six catégories] et les Globes de cristal, en France ; les Golden Globes, aux États-Unis ; les BAFTA Awards, au Royaune-Uni), le film a également représenté la France aux Oscars, à Hollywood.

À retenir

Christian Carion débute sa carrière avec des courts-métrages. Ses longs-métrages, qui ont pour décor soit la guerre, soit le monde de l'espionnage, soit la vie rurale, rencontrent la faveur du public et de la profession. *Joyeux Noël*, film puis roman, est son plus grand succès. Il est aujourd'hui l'un des plus brillants réalisateurs de sa génération.

Pourquoi lire l'œuvre ?

3 août 1914 : l'Allemagne déclare la guerre à la France ; c'est le début de la Première Guerre mondiale, de la « Grande Guerre » comme on l'appellera. De très nombreux romans ont traité le sujet. Pourquoi en lire un de plus ? Les faits ne sont-ils pas largement connus ? Précisément non, ou du moins pas tous. C'est pourquoi il convient de lire *Joyeux Noël*.

Parce que c'est un roman fondé sur un événement véridique

Noël 1914 : voilà cinq mois que la guerre dure. Des deux côtés, des centaines de milliers de soldats sont déjà morts. En Artois, théâtre depuis ces cinq mois de violents combats, Français, avec leurs alliés écossais, et Allemands se font face à quelques dizaines de mètres les uns des autres, terrés dans leurs tranchées. À la veille de Noël, la beauté d'une musique et d'un chant les émeut : les ennemis décident de ne plus s'entre-tuer et de fraterniser. Mais, en langage officiel, « fraterniser » est synonyme de « déserter » et de « trahir ». Les autorités politiques et militaires feront donc tout pour effacer jusqu'à la moindre trace de cet événement. C'est presque par hasard que Christian Carion en a eu connaissance. Après de minutieuses recherches, il en tire un roman, dont les faits sont rigoureusement authentiques, même si les personnages sont réinventés.

Parce que c'est un roman poignant et profondément humain

Comme tout roman de guerre, *Joyeux Noël* est un roman *contre* la guerre. Mais il l'est plus que beaucoup d'autres. Durant quelques heures, des combattants qui ne sont ni des lâches ni des traîtres redeviennent des humains, simplement des humains. Et cette quasi-métamorphose est bouleversante. Hier, ils ne pensaient qu'à tuer l'autre pour ne pas être tués par lui. Demain, ceux avec qui désormais ils trinquent, jouent au foot, échangent des cadeaux seront ceux qui les tueront ou qu'ils tueront. Ils le savent et nous, lecteurs, nous le savons avec eux. Le pathétique nimbe cette parenthèse miraculeuse. La guerre n'en devient que plus absurde. C'est un hymne à la vie qui brièvement s'élève, à laquelle l'omniprésence de la mort donne saveur et prix : les émotions artistiques, le plaisir du jeu, la force d'une amitié, d'un amour.

Parce que c'est un roman en forme d'hommage aux poilus

Christian Carion termine son « avant-propos » par cette adresse à chacun de nous, lecteurs : « En lisant ce livre, vous ressusciterez, d'une certaine manière, la mémoire des hommes qui se sont tendu la main un soir de Noël. Ce qu'ils ont fait ne doit pas tomber, à nouveau, dans l'oubli. Plus que jamais, lire rime avec souvenir. » Tous ces combattants sont, certes, morts depuis longtemps. Leurs souffrances et sacrifice n'ont pas empêché, quelque vingt ans plus tard, une nouvelle tragédie. Il convient pourtant de ne pas les oublier ne serait-ce que pour avoir, au moins pendant quelques heures, fait reculer la sauvagerie et pour avoir montré que, même dans les situations les plus atroces, il ne faut jamais désespérer des hommes.

Parce que ce roman invite à dialoguer avec l'image

Joyeux Noël est un roman et un film, un film et un roman. Le lecteur du roman se doit de devenir le spectateur du film et, inversement, le spectateur doit se muer en lecteur. L'occasion est en effet exceptionnelle d'analyser comment l'écrit et l'image se transposent l'un l'autre, comment l'un dit plus, ou moins, que l'autre, comment les moyens stylistiques (tons et registres) et cinématographiques (les plans, le montage, la bande-son) diffèrent pour aboutir au même résultat, et quelles sont leurs spécificités irréductibles.

Pourquoi lire l'œuvre ?

À retenir

Joyeux Noël révèle un épisode de la Grande Guerre que l'on a long-temps réussi à cacher. À ce titre, c'est un roman vrai, et l'un des plus poignants jamais écrits sur ce conflit. C'est un réquisitoire contre l'absurdité de la guerre qui soudain se change brièvement en un hymne à la vie. Sa lecture est une forme d'hommage rendu à ces poilus qui surent préserver, envers et contre tout, leur part d'humanité.

Joyeux Noël

Christian **Carion**

> « Si nous pouvions lire l'histoire secrète de nos ennemis, nous trouverions dans la vie de chaque homme un chagrin et une souffrance suffisants pour désarmer toute hostilité. »
>
> Henry Wadsworth LONGFELLOW (1807-1882)[1]

Préface

C'est en 1992 que je découvre par hasard, au creux d'un livre, les fraternisations de Noël 1914. Je n'en crois pas mes yeux. Je suis bouleversé. Et je rêve de porter à l'écran cette émotion, un jour...

Je débute une enquête, des recherches historiques afin d'en savoir plus sur ces fraternisations oubliées car occultées, dissimulées aux yeux de l'opinion française notamment.

Ce travail de recherche est fondamental. Il va déterminer les composantes du film que je réaliserai en 2004, *Joyeux Noël*, et c'est au cours de cette recherche que je découvre également les carnets de Louis Barthas, dans lesquels repose cette phrase magnifique :

> *« Peut-être un jour sur ce coin de l'Artois on élèvera un monument pour commémorer cet élan de fraternité entre des hommes qui avaient l'horreur de la guerre et qu'on obligeait à s'entre-tuer malgré leur volonté. »*

---

1. Poète américain.

Le 17 décembre 2015, François Hollande est venu inaugurer le monument rêvé par Louis Barthas, un siècle auparavant, à Neuville-Saint-Vaast, près d'Arras.

Par sa présence, le président de la République, chef des armées, a fait entrer les fraternisations dans la mémoire collective, dans l'Histoire.

Je suis persuadé que, dans un siècle, quand nous serons tous retournés à la poussière du cosmos, des gens viendront ici pour se souvenir aussi du geste fraternel accompli par des soldats de la Grande Guerre. On ne pourra plus oublier les fraternisations...

J'ai envie de dire, quand je pense à tout ça, que le plus important peut-être est de rêver, s'autoriser à aller au bout de son rêve surtout.

J'ai rêvé d'un film en découvrant les fraternisations et des gens m'ont suivi pour que les images que j'avais en tête s'animent sur un écran.

Je suis conscient du fait que c'est surtout le film, par l'émotion qu'il a suscitée auprès du public, qui a permis au rêve de Barthas de devenir réalité aujourd'hui.

Un rêve accompli permet à un autre rêve, imaginé il y a un siècle, de prendre corps.

J'aime ce lien, cette transmission.

Se souvenir des hommes qui se sont réunis sur le no man's land[1] pour échanger du tabac, boire un verre ou montrer les photos de leurs femmes et enfants, c'est refuser la haine, croire en l'autre, ne pas désespérer de l'homme, malgré tout.

C. C.

---

1. **No man's land :** zone inoccupée comprise entre les premières lignes de deux armées.

Avant-propos

Adolescent[1], j'allais aider mon père dans les champs car il était paysan. J'avais le droit de l'aider seulement l'été et pendant les grandes vacances, car le reste du temps il disait que mon métier c'était écolier, puis étudiant. C'est sous le soleil de juillet que j'allais faire la moisson avec lui. On avait un champ au beau milieu duquel reposaient soixante tombes britanniques[2], dans un cimetière aux haies et au gazon irréprochables, car anglais. Avec la moissonneuse-batteuse, il fallait tourner autour de cet îlot d'un autre temps. Ce n'est pas facile à manœuvrer, une moissonneuse-batteuse...

J'ai souvent maudit ce petit territoire britannique ; on dit que, là où tombe un sujet du Royaume-Uni, la terre qui l'ensevelit appartient à son pays.

Et puis je me suis promené dans ce cimetière.

J'y ai vu, sur le registre imperméabilisé, les mots laissés par les familles venues de Nouvelle-Zélande, d'Afrique du Sud, d'Australie ou d'Écosse[3] pour honorer la tombe d'un aïeul. Les couronnes de coquelicots rouges[4] en plastique au pied des tombes blanches m'ont fait sourire au début (je n'aime pas

1. Vers la fin des années 1970, Christian Carion étant né en 1963.
2. Un corps expéditionnaire britannique se déploya en France dès le début du conflit.
3. Membres du Commonwealth, tous ces pays, sous allégeance de la Couronne britannique, envoyèrent des contingents se battre en France, aux côtés des Anglais.
4. Les coquelicots sont encore de nos jours, pour les Anglais, le symbole de la mémoire et de la solidarité envers les anciens combattants, comme l'est, en France, le bleuet.

le plastique) puis m'ont ému (il y a une part d'éternité dans le plastique).

Il y avait aussi cette tombe placée à l'écart, toute seule. Y étaient inscrits le nom et le grade d'un soldat allemand, tout simplement...

Mais ce qui m'a le plus frappé, ce sont les âges gravés dans la pierre : 17, 18, 19, 21, 23 ans... J'avais le même âge que tous ces garçons morts au printemps 1917 pour reprendre mon village à l'ennemi.

Je crois que c'est dans ce cimetière que j'ai eu envie d'en savoir plus sur cette guerre avec laquelle on m'avait cassé les pieds à l'école.

Alors j'ai lu des livres. Certains me sont tombés des mains, d'autres m'ont fait oublier qu'il est nécessaire de dormir. J'ai compris que la Première Guerre mondiale est la plus importante du XXᵉ siècle, lequel a vraiment débuté le 3 août 1914 lorsque des gens de 20 ans sont montés dans des trains, ou partis sur les routes.

Et puis, en 1991, par hasard j'ai lu un petit article faisant mention de fraternisations au cours de la Noël 1914. Un ténor[1] allemand avait chanté *Stille Nacht*[2] dans la nuit et des Français l'avaient applaudi à tout rompre. Ailleurs, des Écossais et des Allemands avaient enterré leurs morts ensemble puis joué au foot sur le no man's land...

J'avais du mal à croire une chose pareille ! J'ai contacté l'auteur de cet article, un historien, et, avec lui, j'ai commencé ma longue enquête sur les fraternisations. Dès le début, j'ai eu envie de faire un film pour partager avec le public la profonde émotion que j'ai ressentie en découvrant tout ce qui s'est passé cette nuit-là.

Mon film, *Joyeux Noël* est sorti en salle le 9 novembre 2005 et a rencontré aussitôt un vrai succès populaire. Il a fait le tour du

---

1. **Ténor :** chanteur qui a une voix élevée.
2. ***Stille Nacht*** : chant de Noël, très populaire en Allemagne, connu en France sous le titre *Douce Nuit*.

monde, représentant la France aux Oscars, à Hollywood. Je suis fier, pas tant de ce succès, mais du fait que, grâce à la sortie de ce film, on s'est mis à parler, dans l'Hexagone, des fraternisations.

Car, en France, à l'époque, lorsque les chefs militaires ont su que des soldats avaient fraternisé avec les Allemands durant les fêtes de Noël, ce fut un terrible choc, une catastrophe. Et on a tout fait pour que jamais cela ne se sache.

Les photos prises par les soldats ont été brûlées, les lettres, censurées, le contrôle des journaux nationaux, accru, et on a bombardé les secteurs où les hommes continuaient à se voir entre les tranchées. Ainsi, la guerre l'a emporté sur l'idée de paix, comme elle a emporté dans la mort plus de 10 millions d'hommes.

Avec le temps, le souvenir des fraternisations s'en est allé au fur et à mesure que disparaissaient les hommes qui les avaient vécues. En novembre 2005, le dernier témoin de ces moments uniques est mort à l'âge de 109 ans, quelque part en Écosse.

Après le film, j'ai eu envie de coucher sur le papier cette histoire. Le livre que vous allez lire raconte ce qu'on ne voulait pas que vous sachiez. Mais c'est un roman car j'ai inventé les personnages qui l'habitent.

Cependant, tous les faits, tous les actes qui sont décrits dans ce livre, sont rigoureusement exacts. J'en ai trouvé le récit, enfoui dans des cartons poussiéreux, dans les archives militaires françaises, britanniques et allemandes.

En lisant ce livre, vous ressusciterez, d'une certaine manière, la mémoire des hommes qui se sont tendu la main un soir de Noël. Ce qu'ils ont fait ne doit pas tomber, à nouveau, dans l'oubli.

Plus que jamais, lire rime avec souvenir.

C. C.

I

Il fait toujours frais dans les églises. Peut-être un peu trop dans celles d'Écosse. Mais Palmer, le prêtre de Roybridge[1], n'en a jamais connu d'autres.

Depuis plus de quinze ans, chaque dimanche, il tente d'amener
5 à lui les gens de cette petite communauté d'éleveurs de moutons du pays des Highlands[2].

Palmer sait fort bien qu'ils viennent surtout pour se retrouver ensemble, se parler à la sortie de l'office, et même à voix basse pendant la messe. Il a vu des idylles[3] se nouer furtivement sur
10 les bancs du fond puis éclater au grand jour devant l'autel et Dieu lui-même, quelques mois plus tard.

Il regarde le jeune Jonathan penché sur la statue en plâtre de saint Michel terrassant le dragon[4]. Il s'applique à repeindre les yeux du saint. Il a choisi le bleu, sa propre couleur d'yeux.
15 Il ne sait pas qu'en Palestine personne n'avait dans les yeux la couleur que certains petits lochs[5] peuvent donner à voir, ici, à la faveur des belles journées.

Tout en allumant un à un les cierges de l'autel de la Sainte Vierge, Palmer se demande combien de temps encore Jonathan
20 restera à son service. Il a vingt-deux ans, les cheveux blonds

---

1. Village dans le nord de l'Écosse.
2. Région montagneuse du nord de l'Écosse.
3. **Idylles :** histoires d'amour.
4. Dans la religion chrétienne, l'archange Michel terrasse un dragon, assimilé au Diable.
5. **Lochs :** en Écosse, lacs allongés occupant le fond des vallées.

comme les blés qui mûrissent lentement dans ce pays trop souvent oublié par le soleil.

Dimanche dernier, Palmer a bien vu la petite Duncan regarder le jeune homme droit dans les yeux tandis qu'il retournait à sa
25 place, par l'allée centrale, après avoir reçu l'hostie[1]. Les yeux bleus de Jonathan n'ont pas croisé ceux de Rose, aussi noirs que le basalte[2] lorsque le ciel prend sa couleur de plomb. Mais Rose Duncan saura se glisser sous le regard du jeune homme et, peut-être, dans sa vie, Palmer en est presque sûr.
30 Et ce dernier regardera Jonathan partir construire sa vie d'adulte avec un petit pincement, il le sait, mais aussi un soulagement.

Car ce bonheur à venir remplira d'aise Madame Dale, la mère de Jonathan, à qui le prêtre avait promis de prendre à son service son cadet, à la mort du père de famille, il y a cinq
35 ans maintenant.

Il sera temps, alors, pour Palmer de quitter ce pays et de rejoindre sa propre famille qui, en arrivant sur les rives du Nouveau Monde, n'est pas allée plus loin que New York.

Dans sa poche, il a une carte postale en noir et blanc montrant
40 des immeubles de fer jaillissant vers le ciel, comme pris dans une infernale compétition céleste.

Il se dit que tous ces hommes qui travaillent sans relâche à élever ces édifices doivent avoir aussi besoin des paroles du Seigneur pour soulager leur vie terrestre avant de monter au
45 ciel, sans autre effort que de croire vraiment.

La porte de la sacristie[3] s'ouvre violemment et William, le frère aîné de Jonathan, se plante sur le seuil, le visage baigné de sueur. Il a dû venir à vélo depuis le village jusqu'à l'église perchée sur les hauteurs.

---

1. **Après avoir reçu l'hostie :** après avoir communié.
2. **Basalte :** roche volcanique de couleur sombre.
3. **Sacristie :** annexe d'une église où sont déposés les objets et les vêtements nécessaires à la célébration de la messe.

50 William regarde Jonathan, totalement surpris de voir son frère ici, jette à peine un regard sur Palmer, puis marche à grands pas vers le fond de l'église. Il saisit la corde et se met à sonner la cloche à toute volée.

Il se tourne vers Jonathan et dit, d'une voix triomphante :

55 — Ça y est !... La guerre est déclarée[1] !

William se dirige vers la porte principale de l'église.

— Alors, petit frère ?... Tu vas pas passer la guerre à repeindre des statues ? Je t'ai inscrit avec moi sur la liste ! On part tous dans deux jours pour s'entraîner à Glasgow[2]...

60 Puis un sourire sur les lèvres :

— Il va enfin s'passer quelque chose dans nos vies ! Bon, alors, tu viens ou quoi ?

Jonathan met à tremper son pinceau dans le pot, défait sa blouse rapidement et rejoint son frère sur le seuil de l'église.

65 William a déjà ouvert la porte, laissant s'engouffrer dans la pièce l'air réchauffé par un soleil d'été plus têtu que d'habitude.

Jonathan met sa casquette et adresse à Palmer un petit sourire dont seul le jeune homme connaît la signification. Puis il disparaît dans la lumière vive du dehors. Palmer regarde un

70 moment le seuil de son église, ouverte sur quelque chose qu'il ne connaît pas et qu'il pressent déjà.

*

Anna Sörensen fait face à une salle plongée dans le noir mais qu'elle sent acquise. Lorsque la lumière est doucement tombée sur la scène, elle a compris à quel point le public l'attendait.

75 Debout derrière des chandeliers, elle redresse peu à peu la tête et ôte le capuchon rouge qui lui couvrait les yeux. Alors elle

---

1. Le 4 août 1914, pour l'Angleterre.
2. La plus grande ville d'Écosse.

ouvre la bouche et le son de sa voix emplit l'immense espace de l'Opéra de Berlin.

Et le public sait qu'il va être récompensé d'avoir patienté
80 durant des mois pour assister à la première de cet opéra italien.

Anna se tient droite dans la lumière dorée du premier acte. Elle a choisi elle-même le pourpre et le safran[1] pour apparaître devant le public.

85 Elle tourne la tête, libérant son abondante chevelure blonde du capuchon.

Anna a perçu le murmure qui parcourt les premiers rangs. Vraiment, la salle est prête pour accueillir celui qu'elle aime.

Dans sa loge, Nikolaus Sprink essaie de vaincre les dernières
90 tensions au creux de sa nuque. Il regarde les photos d'Anna qu'il a fixées sur le miroir de sa loge.

Elle lui sourit, baignée dans la lumière de juillet. Il peut encore entendre leur conversation, juste avant de déclencher l'appareil : un enfant à concevoir au creux de l'hiver.

95 On frappe à la porte et une voix se fait entendre : « Plus que deux minutes, Monsieur Sprink ! » Nikolaus ferme les yeux...

Le ténor marche dans l'étroit corridor qui mène jusqu'à la scène de l'Opéra. Jorg le suit, en inspectant la tenue de celui
100 qu'il admire depuis qu'il est à son service. Les deux hommes croisent des figurants[2] habillés en moines du XVIe siècle. Tous se figent et regardent passer celui qui fait les beaux jours de l'opéra berlinois depuis plus de dix ans maintenant.

Des coulisses, Nikolaus regarde Anna. Elle se tient debout au
105 fond de la scène dans une lumière crépusculaire. Elle prononce

---

1. **Safran :** couleur jaune orangé.
2. **Figurant :** personne jouant un rôle très secondaire, souvent muet, qui n'est là que pour faire de la « figuration ».

l'ultime « Amen ! » de son *Ave Maria*[1] avec une intensité rarement atteinte au cours des dernières répétitions.

Nikolaus est fier de celle qu'il aime, fier de sentir l'impact qu'elle a sur le public berlinois si exigeant, fier enfin d'avoir
110 amené du Danemark une telle artiste. Jorg tend au ténor le glaive[2] qu'il doit donner en offrande sur scène dans quelques instants. Le chanteur prend une inspiration profonde et fait les premiers pas lorsque des murmures désapprobateurs s'élèvent de la salle. Nikolaus voit venir des coulisses opposées un officier
115 allemand d'un certain âge.

L'homme a la démarche mal assurée, ébloui par les lumières de la rampe. Il se plante au centre de la scène tandis que les musiciens dans la fosse[3] se tournent vers leur chef, ne sachant que faire.
120 La salle se tait peu à peu tandis que l'officier prend la parole :

— Pardonnez mon intrusion mais j'ai l'ordre de vous lire ce communiqué de notre vénéré empereur Guillaume[4] :

« L'heure est grave pour l'Allemagne. Le pays encerclé doit réagir pour ne pas périr. On nous oblige à prendre l'épée.
125 « J'espère qu'avec l'aide de Dieu nous manierons le glaive de telle façon que, lorsque tout sera terminé, nous pourrons le remettre au fourreau avec honneur.

« Car nous allons montrer à nos ennemis ce qu'il en coûte de provoquer l'Allemagne.
130 « Et maintenant je vous confie tous à la garde de Dieu. Agenouillez-vous devant le Tout-Puissant et demandez-lui de venir en aide à notre vaillante armée. »

---

1. *Ave Maria* : premiers mots latins (« Je vous salue Marie ») d'une prière chrétienne.
2. **Glaive** : épée.
3. **Fosse** : lieu où se situe l'orchestre, en contrebas de la scène.
4. **Guillaume II (1859-1941)** : empereur d'Allemagne de 1888 à 1918, qui sera déclaré responsable de la Première Guerre mondiale.

À ces mots, Anna traverse la scène pour rejoindre Nikolaus qui écoute cet ordre de mobilisation.

135   La jeune femme serre le bras de celui qu'elle aime. Mais il lui semble qu'il n'est déjà plus là.

II

Celui-là n'est pas tombé loin. L'onde provoquée par l'explosion de l'obus vient secouer la cagna[1] d'Audebert. Le jeune officier regarde cette ancienne cave encaisser dans ses murs et dans ses poutres l'énergie rageuse du projectile.

D'autres obus passent, par dizaines, dans le ciel au-dehors pour aller exploser à quelques centaines de mètres de là.

Audebert cherche à ne pas laisser les sifflements de l'acier dans l'air lui emplir l'esprit. Il regarde une photo rangée au creux de son portefeuille. Il se concentre du mieux qu'il peut pour retrouver l'atmosphère de l'instant capturé par l'image.

Mais tout est déjà loin.

Il ne se souvient plus du bruit ni de l'odeur de cette vilaine pluie de juillet qui avait contraint toute la famille à se replier dans le salon d'hiver de la maison. Madeleine s'est sentie fatiguée ; elle est venue s'asseoir sur les genoux de son mari et elle a souri à sa mère quand celle-ci a voulu prendre le couple en photo. Audebert écarte du pouce les grains de poussière qui viennent de tomber sur la photo. Il regarde le ventre de sa femme qu'on devine sous une robe ample.

Cinq mois et demi de grossesse en juillet 1914...

Une voix au-dehors interpelle Audebert : « Plus que deux minutes, mon lieutenant ! »

Il referme le portefeuille et le glisse à l'intérieur de sa capote[2] noire d'officier. Il met son képi et quitte la petite table en bois misérable qui lui sert de bureau. Ses pieds pataugent dans une légère boue fine qui recouvre le sol depuis longtemps. Il se

---

1. **Cagna :** abri de fortune (en argot militaire).
2. **Capote :** manteau.

dirige vers son barda[1] et le jette sur son dos. Mais ses jambes le trahissent un peu. Il est obligé de se pencher en avant comme pour soulager ses membres inférieurs d'un poids que ceux-ci
30 refusent de porter par avance. Et la nausée le reprend, bien entendu.

Alors Audebert se redresse pour respirer au maximum, ventiler sa cage thoracique, et fait quelques pas pour détendre les muscles qui s'engourdissent. Il marche de long en large, le
35 souffle court malgré ses efforts. Il regarde son lit : une porte de maison posée sur des briques avec quelques couvertures sales jetées par-dessus. Il observe un moment deux scarabées[2] qui s'accouplent sur une poutre du plafond sans prêter attention aux obus qui filent dans le ciel. Il n'avait jamais
40 pensé qu'un jour son existence serait moins enviable que celle d'un scarabée.

Il est temps de quitter la cagna à présent. Il va vers la trouée faite dans le mur de briques de la cave, et qui permet de déboucher dans le boyau de liaison[3].
45 Avant de sortir, Audebert se force à vomir une fois pour toutes. Il ne veut pas que se lise sur son visage l'angoisse qui lui pourrit les entrailles.

Il prend son bâton taillé dans une branche de noisetier en septembre dernier. Et il sort.
50 La voûte sonore des obus lui tombe sur les épaules. Malgré tout, il se redresse pour faire face à l'homme qui l'attend sous une pluie fine et glacée, sur le seuil de la cagna.

Ponchel regarde le visage blême de son lieutenant. Les deux hommes se dévisagent un instant. Audebert semble puiser, dans
55 le pâle sourire qui se dessine sur la figure de son aide de camp,

---

1. **Barda :** équipement individuel du soldat (en argot militaire).
2. **Scarabée :** insecte coléoptère, avec mandibules et antennes.
3. **Boyau de liaison :** passage étroit permettant d'accéder aux tranchées de première ligne.

une force suffisante pour se composer un visage plus déterminé, le visage qu'on attend d'un lieutenant en pareille circonstance. Audebert traverse d'un pas assuré le boyau boueux qui le mène à la tranchée principale. Ponchel le suit, attentif au vacarme des
60 obus qui sifflent au-dessus d'eux.

Des dizaines d'hommes se tiennent debout dans la tranchée. Ils se redressent lorsque leur lieutenant les rejoint.

Et Audebert dit les mots d'une voix forte, mais sans crier :

— On va sortir !... On a cent mètres à franchir pour atteindre la
65 tranchée allemande ! Depuis une heure, nos artilleurs pilonnent leurs nids de mitrailleuses... Ça devrait bien se passer pour nous ! On doit prendre leur première ligne puis la ferme qui est juste derrière ! Ensuite le 134e[1] viendra nous relever en fin de journée et on pourra retourner se reposer à l'arrière... On
70 va être épaulés sur notre gauche par des Écossais !... Vous les reconnaîtrez à leurs bérets noirs. Ne vous occupez pas d'eux et restez attentifs à ce que, moi, je vous dirai... Je suis comme vous ! Moi aussi, je veux rentrer chez moi, alors faites ce que vous avez à faire et dans une semaine on passera tous Noël à
75 la maison !

Soudain, le vacarme des obus s'est arrêté. Le silence qui suit semble encore plus terrible. Tous lèvent la tête vers le ciel, y compris Audebert. Il dit, plus à lui-même qu'aux autres :

— Voilà... Advienne ce que devra !

80 Des prières en latin se murmurent dans les rangs comme une douce plainte. Certains vomissent debout, entre leurs bottes, puis s'essuient nerveusement la bouche au revers de leur capote bleue.

Audebert regarde sa montre : l'artillerie a mis fin à son travail
85 avec l'exactitude qui la caractérise. Il ouvre son revolver pour vérifier que chaque cylindre du barillet est garni d'une balle.

---

1. **Le 134e** : le 134e régiment d'infanterie.

À son commandement, des dizaines de baïonnettes viennent hérisser l'extrémité des fusils Lebel[1].

Alors il se hisse derrière le parapet[2] et ordonne l'approvi-
90 sionnement des armes. Les hommes actionnent leur culasse et engagent leur première balle dans le canon. Toute la tranchée semble unie dans une même respiration haletante, courte, gourmande de cet air qui lui fera peut-être bientôt défaut si Dieu, ou la fatalité, en décide ainsi.

95 Audebert souffle de toutes ses forces dans son sifflet et des dizaines de capotes bleues et pantalons rouges[3] s'élancent sans hésiter.

---

1. **Fusil Lebel :** fusil de l'infanterie, mis au point en 1886 par le colonel Nicolas Lebel.
2. **Parapet :** levée de terre au-dessus de la tranchée, servant à protéger les soldats.
3. Uniforme de l'infanterie, au début du conflit. Les pantalons rouges furent plus tard remplacés par des pantalons moins voyants.

III

Une fusée éclairante déchire le ciel noir et jette sur les lieux pendant quelques secondes une lueur verdâtre puis la nuit reprend ses droits.

Palmer regarde la fusée mourir puis continue sa progression, une torche à la main.

Il marche dans un boyau étroit, suivi d'autres brancardiers. Il croise des blessés qui vont vers l'arrière par leurs propres moyens.

Et il les regarde un à un, à la recherche d'un visage familier.

Un soldat tient une compresse ensanglantée contre son cou. Son visage est livide[4] mais on y lit le soulagement d'aller à l'arrière.

Un autre s'avance, le visage totalement enveloppé de bandelettes sanguinolentes. Seul l'œil droit est visible. Palmer sent dans cet œil qui le fixe terriblement une immense douleur contenue, comme une révolte aussi.

Le prêtre débouche enfin dans la tranchée de 1re ligne des Écossais. Des soldats vont et viennent, ramassent leurs affaires, se disputent comme des gamins une gamelle ou donnent quelques cigarettes à ceux qui ont tout perdu dans la bataille.

Palmer découvre Jonathan prostré[5] sur une banquette de tir[6], le regard perdu. Il vient s'accroupir devant lui, prend sa main entre les siennes.

Le jeune homme regarde le prêtre et s'ouvre à lui du chagrin qui le terrasse à présent.

---

4. **Livide :** très pâle.
5. **Prostré :** effondré et sans réaction.
6. **Banquette de tir :** plateforme sur le revers d'une tranchée, d'où l'on peut tirer à couvert.

Dans la tourmente des balles qui sifflaient et des obus qui
25 éclataient, il a couru, emportant sur son dos William, grièvement
blessé au ventre. Il a su trouver la force de porter son frère aîné,
tellement plus lourd que lui.

Et puis l'explosion proche d'un obus les a soufflés comme un
courant d'air le ferait d'une simple bougie.

30 Plaqué au sol, Jonathan a repris son souffle comme après
une longue apnée[1]. Il a vu les soldats français se replier dans la
débâcle, de l'autre côté du chemin qui mène à la ferme Delsaux.
Et puis il s'est penché vers William allongé sur le dos, à ses côtés.
Il a vu ses lèvres bleues[2] remuer. Jonathan s'est encore approché
35 et il a pu entendre son frère lui demander de partir, de le laisser
pour que l'un d'eux survive. Il a secoué William pour le faire
sortir de la torpeur dans laquelle il s'enfonçait mais il a bien vu
les stigmates[3] de la mort peu à peu gagner le visage de William.
Le son des balles qui cherchaient dans l'air une nouvelle chair
40 à meurtrir lui est revenu dans les oreilles.

Alors il s'est levé et a couru sans se retourner vers la tranchée
écossaise, à vingt mètres de là.

Abattu par la fatigue et le chagrin, Jonathan pleure dans
les bras de Palmer. Il faut prier pour William et tous ceux qui
45 sont tombés aujourd'hui. Mais Jonathan n'éprouve rien pour
les autres.

Le lieutenant Gordon s'avance vers les deux hommes :

— La relève est là. On s'en va, Dale.

Puis il se tourne vers le prêtre :

50 — Je vous laisse soigner les derniers blessés qui sont dans la
tranchée et on se retrouve au cantonnement.

— Bien, mon lieutenant !

---

1. **Apnée :** suspension provisoire de la respiration.
2. Bleues, parce que le sang se retire des lèvres.
3. **Stigmates :** signes, marques.

Jonathan prend son sac machinalement et rejoint la file de ceux qui ne sont pas tombés aujourd'hui. Tous iront dormir dans
55 des maisons et des granges abandonnées à quelques kilomètres de là. Ils arpenteront les rues désertées où circulent des chiens sans maîtres. Les plus chanceux ou malins pourront dormir à même le plancher des chambres où traînent encore des peluches et des poupées oubliées dans la tourmente de septembre dernier.

60 Palmer panse le ventre d'un homme allongé sur un brancard. Il s'efforce de contenir le flot de sang qui cherche à quitter ce corps abandonné doucement par la vie.

Des voix venant du no man's land[1] accaparent peu à peu l'attention du prêtre.

65 Ce sont des plaintes, des appels épuisés, des pleurs aussi. Monte dans la nuit froide la complainte de ceux qui se meurent sur le champ de bataille.

Des voix françaises et écossaises s'unissent dans une même douleur :

70 — Venez me chercher, les gars ! Me laissez pas crever tout seul dans la nuit !

— Ma jambe !... Elle me fait mal, ma jambe !... qui c'est qui peut venir me la couper ? Elle tient presque plus, ce sera facile ! Venez me la couper, les gars, qu'on en finisse ! J'en peux plus...
75 Coupez-moi la jambe !

— Je suis sur le ventre mais je peux pas me retourner, ch'suis touché aux reins ! Mettez-moi sur le dos, que je puisse respirer facile et voir le ciel encore une fois ! Y en a bien un qui peut venir me retourner, quand même... J'demande pourtant pas
80 grand-chose...

— Brancardiers ! Bran-car-diers ! C'est bien ça ! Quand on a besoin d'eux, y a plus personne mais pour venir bouffer au coin du feu, sont toujours là... Quelle misère ! Brancardiers ! Sortez de là, bande de lâches ! Et venez me chercher !

---

1. Voir la note dans la préface, p. 18.

85   — Qu'est-ce que j'ai fait au bon Dieu pour crever comme une bête ici ! Hein ?... J'ai rien demandé à personne, moi !... Je veux rentrer à la maison et serrer ma petite fille, Lauren !... Lauren ! Ma petite chérie, qui va te raconter une histoire les nuits où le vent veut pas dormir ? Ma Lauren, je t'aime, je t'aime...

90   — Et il est où, le brancardier-prêtre, hein ? Il est où ? Ah ! Pour nous faire des discours sur ses bondieuseries[1], il est toujours là, mais quand il faut s'mouiller, aider son prochain, ben, y a plus personne ! On a plus qu'à crever tout seuls... Tout le monde nous a oubliés ici... Même leur bon Dieu !

95   — Ryan ! Où t'es planqué, Ryan ? Bouge tes fesses et viens me tirer de là, nom de Dieu ! Je t'ai toujours filé du tabac quand t'en avais plus... Ryan ! Me laisse pas me vider[2] dans ce trou, nom de Dieu !... Viens ! J'ai une tabatière pleine... Tu sais bien que je fume pas... Allez, viens, nom de Dieu !

100   — Maman ! Je veux pas mourir, maman ! Pas comme ça, putain ! J'ai pas mérité ça, tu le sais, maman ! Viens chercher ton petit Roy... Viens ! Viens me raconter une dernière histoire ! T'as toujours su raconter des belles histoires... Laisse pas ton petit garçon crever loin de la maison...

105   — Allan !... J'sais que t'es là, Allan !... Faudra que t'écrives à ma princesse, celle que je t'ai montrée en photo un soir. Tu me dois bien ça et tu l'sais ! Dis-lui qu'il faut pas qu'elle reste toute seule longtemps. S'en sortira pas toute seule à la ferme... Qu'elle trouve un brave type, qui sait labourer sans verser[3] avant la fin
110 du sillon comme moi ! Et cherche pas à te mettre sur les rangs, elle est trop bien pour toi : je te l'ai déjà dit... Dis-y aussi que j'ai pensé à elle jusqu'au bout, que je regrette d'avoir dit non à un petit au printemps dernier... que si elle veut me faire plaisir

---

1. **Bondieuseries** : au sens péjoratif de « sermons » ou de « paroles » relatifs à la religion.
2. **Me vider** : me vider de mon sang.
3. **Sans verser** : sans que la charrue se renverse.

en pensée, elle n'a qu'à mettre la robe bleue qu'elle portait pour
115 aller à Inverness[1] l'année dernière... Dis-y surtout que je l'aimais,
je l'aimais, ma princesse !...

— Tous ! Je vous maudis, tous ! Que vous soyez généraux,
députés ou ministres, je vous emmerde tous ! Vous m'entendez,
tas de merdeux ? Fallait venir la faire vous-mêmes votre saloperie
120 de guerre ! Z'avez de la chance que je vais pas m'en sortir de ce
merdier, parce que je serais venu vous mettre une balle dans
la tête... Oh ! Et p'is non ! Trop facile ! Je vous aurais saignés
pour vous laisser crever à la pluie et au vent, comme moi et les
pauvres types qui crèvent autour de moi... Bande de fumiers !
125 Palmer essaie de rester sourd à ces appels désespérés. Il tâche
de se concentrer sur les blessés de la tranchée, qu'on arrivera
peut-être à sauver.

Mais une voix venue du no man's land, plus présente que les
autres, l'interpelle :
130 — Palmer ! je sais que vous êtes dans la tranchée, padre[2] !
C'est moi : Andrew... Andrew Duncan ! Vous savez ? Le petit
gars de Roybridge... Je suis salement touché dans le bas du dos...
Je me suis traîné vers la tranchée mais j'en peux plus là... J'suis
à bout, padre ! C'est con ! J'suis à cinq mètres de vous, à peine...
135 Palmer se hisse pour regarder au-dessus du parapet de la
tranchée, avec précaution. La nuit est soudain déchirée par
une nouvelle fusée éclairante tirée par les Allemands. Dans la
lumière verte projetée au sol, le prêtre voit les corps des malheureux qui appellent depuis des heures. Certains ont la force
140 de se redresser un peu, dans l'espoir d'être mieux vus.

— Ah ! Padre ! Je vous vois ! Je suis juste en face de vous, à
huit pas, pas plus ! Venez me chercher ! J'suis pas bien gros, je
serai pas difficile à traîner jusqu'à la tranchée... Allez, padre !

---

1. **Inverness :** ville des Highlands, en Écosse.
2. **Padre :** « père », en espagnol.

Me laissez pas crever tout près de vous ! Les autres sont loin
145 mais moi... ce serait trop con, hein, padre ?

Palmer distingue l'homme qui s'adresse à lui. Il est couché
en chien de fusil[1], à quelques pas de là, en effet. La fusée meurt
et l'obscurité revient.

Le prêtre regarde autour de lui puis enjambe sans bruit le
150 parapet de la tranchée.

— Ah ! Padre ! C'est bien ! Marchez tout droit. Vous allez
finir par me tomber dessus. J'savais que j'pouvais compter sur
vous, padre !

Palmer avance en cherchant à se faire le plus petit possible
155 et très vite il sent une main lui agripper le mollet.

— Vous voyez ! J'vous avais pas menti ! J'suis juste là, padre !

Mais un autre brancardier rejoint Palmer sur le no man's
land. Il est furieux et, à voix basse, il engueule le prêtre : il est
interdit de quitter la tranchée.

160 Une nouvelle fusée traverse le ciel et aussitôt éclate une
détonation depuis les lignes allemandes. Le brancardier à côté
de Palmer s'écroule en se tenant l'épaule. Le coup de feu embrase
le secteur et les lignes françaises, allemandes et écossaises se
mettent à tirer sans se voir.

165 Palmer et le brancardier blessé courent à toute allure pour
se ruer à l'abri, dans leur tranchée.

Le blessé, de nouveau abandonné, hurle sa détresse :

— Foutez pas l'camp comme ça, putain ! Revenez m'chercher,
nom de Dieu ! Oh, non ! Me laissez pas, bande de lâches ! Padre !
170 Padre ! Bougez-vous ! Venez me chercher... M'abandonnez pas
aux rats ! Padre ! Vous êtes un lâche ! Que Dieu vous maudisse !
Vous méritez pas d'être à son service.

Mais les balles fouillent l'air dans tous les sens à présent.

Du côté allemand, elles viennent taper rageusement dans les
175 sacs de terre du parapet. Recroquevillés derrière, deux soldats

---

1. **En chien de fusil :** les genoux ramenés sur le corps.

se bouchent les oreilles et cherchent à protéger leur visage d'éventuels éclats.

On entend les voix des lieutenants allemand, français et écossais crier l'ordre de cessez-le-feu.

180 Le silence revient, puis la complainte des blessés du no man's land reprend, peut-être encore plus désespérée.

Nikolaus s'adresse, la voix triste, au soldat nerveux, recroquevillé à ses côtés derrière le parapet.

— Tu as tiré sur un brancardier !...

185 — Quoi ? Qu'est-ce t'en sais, toi ? Hein ?

Le lieutenant Horstmayer arrive en courant vers eux et s'adresse au soldat :

— Pourquoi avez-vous tiré le premier ? Que s'est-il passé ?

— Un rôdeur écossais, mon lieutenant !... Je crois que je l'ai 190 touché !

— Bien ! Au moindre bruit suspect, tirez une fusée ! Ils peuvent attaquer de nouveau, à la faveur de la nuit. Sprink ! Venez par ici !

Nikolaus rejoint le lieutenant en regardant son camarade qui a tiré et qui, à présent, évite le regard du ténor-soldat.

195 Nikolaus et Horstmayer marchent dans une tranchée partiellement détruite par les bombardements. Autour d'eux, des soldats s'activent pour refaire le boisage des parois. Mais le plus gros du travail consiste à évacuer les corps des soldats français et écossais qui gisent dans le fond de la tranchée ou pendent 200 sur les parapets.

Des ordres sont passés par les sergents pour que les papiers et les effets personnels des ennemis tués soient rassemblés pour être donnés au lieutenant.

— Allez donner un coup de main là-bas ! dit celui-ci en 205 désignant à Nikolaus des soldats qui peinent à emporter les corps des Français entassés dans un boyau étroit, au pied d'une mitrailleuse allemande.

IV

Audebert observe ses hommes derrière la fenêtre d'une salle de classe abandonnée.

Dehors, dans la cour, on a allumé de grands feux autour desquels se sont rassemblés les hommes. Assis par terre, ils
5 raclent leurs gamelles, économes en mots. Ils regardent les marmites suspendues dans les flammes mais ce sont d'autres visions qui dansent dans leurs yeux.

Audebert les connaît aussi et les partage avec eux.

Il revoit la tranchée de la première ligne allemande rapide-
10 ment abandonnée par l'ennemi. Quelques corps-à-corps aussi violents que rapides, la baïonnette qui entre puis ressort d'un ventre ou d'une poitrine, un cri de stupeur plus que de douleur et puis on avance, vite.

Il se plaque avec ses hommes contre les parois boisées de
15 cette tranchée à l'approche de chaque virage pour parer à... Mais il n'y a rien et la progression est aisée.

Un carrefour, un départ de boyau qui semble s'enfoncer en profondeur dans les lignes allemandes.

C'est par là qu'il faut s'engouffrer pour donner la chasse à
20 l'ennemi en fuite. Audebert invective[1] ses hommes, harassés sous les bardas si lourds qu'ils ont dû porter sur les cent mètres du no man's land, au milieu des bombes.

Il pousse chacun d'eux dans cette brèche puis les accompagne.

Soudain, c'est l'horreur. Une mitrailleuse allemande en posi-
25 tion dans le boyau déchiquette les soldats français. Les balles traversent les corps des premiers assaillants et frappent les

---

1. **Invective :** apostrophe (il veut les secouer).

suivants à la poitrine, au bassin, aux jambes. Le sang jaillit dans l'air, éclabousse les mourants comme les vivants.

Les hurlements, les cris, le son de la mitrailleuse, qui arrose
30 imparablement dans l'axe du boyau étroit, couvrent les ordres d'Audebert demandant à ceux qui suivent de rebrousser chemin.

À la hâte, on dresse un mur à l'aide des corps des premiers tués pour se mettre à l'abri des balles qui finissent leur course dans cet amas de chair encore palpitante. Audebert trouve la
35 force de soulever le corps d'un soldat pour le placer au sommet de ce parapet humain. L'effort accompli, il croise le regard de celui qu'il a hissé et qui n'est pas mort : on y lit de l'effroi mais aussi une envie farouche de vivre encore...

Audebert ferme les yeux pour ne plus voir le regard bleu de
40 ce jeune garçon sacrifié. En vain.

Il quitte la fenêtre et va s'asseoir à une petite table d'écolier où il a posé ses affaires.

Il sort un calepin à la couverture cartonnée et fatiguée. À la lumière d'une lampe à pétrole, il commence à dessiner les
45 deux scarabées qu'il a vus s'accoupler dans sa cagna, pendant le bombardement.

Le crayon semble hésiter dans ses traits mais rapidement la main retrouve les automatismes anciens et les deux insectes apparaissent sur la page de droite.

50 D'autres croquis emplissent la page de gauche : le détail d'une tasse à café, une fontaine publique où s'abreuvent des soldats au torse nu, des joueurs de cartes enfouis dans une meule de foin...

Devant la table où est assis Audebert se dresse le bureau du maître d'école juché sur une estrade en bois. Au-dessus, on peut
55 lire sur le tableau noir « jeudi 22 septembre 1914 » ; au-dessous, un problème de calcul où il est question de longueur de tissus achetés et de prix au mètre linéaire. L'énoncé se termine par un point d'interrogation qui semble attendre depuis tout ce temps le début d'une réponse. Audebert sursaute lorsqu'il sent une

60 main se poser sur son épaule droite. Il se retourne et découvre un homme d'une soixantaine d'années qui s'assoit en face de lui.

« Rassure-toi ! Personne ne m'a vu » sont les premiers mots que prononce cet homme mûr qui porte beau dans un long manteau noir. Il poursuit : « Tu n'as rien ? » Le jeune lieutenant
65 répond par un léger signe de tête tandis que son interlocuteur découvre les deux scarabées dessinés sur la page du carnet resté ouvert. Il lève vers Audebert un regard méprisant teinté de reproche. Comme un enfant pris en faute, celui-ci referme aussitôt le petit cahier.

70 Alors le visiteur pose une autre question en cherchant à contenir du mieux qu'il peut sa colère.

— Mais, bon sang ! qu'est-ce qui s'est passé ? Vous n'êtes pas restés plus d'un quart d'heure dans la tranchée allemande ! Les renforts n'ont même pas eu le temps de...

75 — On s'est fait massacrer à la mitrailleuse dans leurs boyaux de liaison ! J'ai perdu le tiers de mes hommes rien qu'en restant cinq minutes dans cet enfer !

Le visiteur jauge[1] cette réponse puis poursuit :

— On dit que c'est lorsque vous avez vu les Écossais se replier
80 sur votre gauche que vous avez décidé de lâcher la ferme...

Audebert, las de devoir s'expliquer, interrompt son interlocuteur :

— Est-ce que vous avez pu avoir des nouvelles cette fois ?

— J'ai essayé par la Croix-Rouge mais rien à faire ! Impossible
85 de savoir ce qui se passe dans les zones occupées par l'ennemi... D'après nos renseignements, les Allemands sont corrects avec les civils. À l'heure qu'il est, ta femme est sûrement en vie chez ses parents... avec son petit.

Le visage d'Audebert trahit une émotion vive. L'homme
90 semble partager la même tristesse mais avec plus de distance. Il enchaîne :

---

1. **Jauge :** évalue.

— Pendant le bombardement, un de nos canons a explosé...
Un défaut dans l'acier sans doute. Les cinq hommes et l'officier
qui y étaient affectés ont été tués sur le coup. J'ai demandé à
95 ce que tu sois incorporé à cette unité pour remplacer le lieutenant qui est mort... L'artillerie ! Ça, c'est une belle arme ! Tu y
progresseras vite, tu verras !

— Non ! Je n'irai pas faire carrière chez vos artilleurs ! Je veux
rester ici avec mes hommes. Trouvez-vous un autre lieutenant,
100 c'est pas ça qui manque !

Audebert se lève et marche vers l'estrade sur laquelle il a
déposé ses affaires. Il s'agenouille pour sortir du linge de son
sac à dos.

L'homme le rejoint en se tenant à quelques pas du lieutenant.
105 Il parle d'une voix ferme, sans colère :

— Je suis le général de cette division et je la dirige comme
bon me semble ! Tu feras donc ce que je te dis ! Je te laisse
passer Noël dans ton unité et ensuite tu partiras en formation
à Poitiers. C'est un ordre.

110 Audebert se redresse et fait face au général :

— Si vous souhaitez que votre venue reste secrète, vous feriez
mieux de repartir tout de suite. Mon ordonnance va arriver !

Le général remonte le col de son manteau noir et met un
chapeau de feutre sombre au large bord, plongeant son visage
115 dans une ombre qui lui convient. Audebert ne perçoit plus que
deux pupilles qui le fixent :

— Vous êtes au repos ici pour trois jours. Ensuite vous retournez en première ligne devant la ferme Delsaux. Pour la Noël,
le secteur devrait être calme. Repose-toi. Je te reverrai avant
120 ton départ pour Poitiers. Bonsoir !

— Bonsoir... mon général !

Audebert fouille à présent sa capote militaire, avec une certaine angoisse. Il passe en revue toutes les poches, regarde
par terre, sous la table d'écolier tandis que la porte de la classe
125 s'ouvre sur Ponchel qui entre, les bras chargés de couvertures.

— Ah ! Min yeutenant ! J'vous ai trouvé de bonnes couvertures pour l'nuit !

Il rejoint Audebert qui repose sa capote sur la table, le visage décomposé :

130 — Qu'est-ce qui s'passe, min yeutenant ?

— Mon portefeuille !... J'ai perdu mon portefeuille !

— El portefeuille avec l'photo que vous m'avez montrée l'autre jour, là ?

— ... Oui !

135 Ponchel regarde avec une vraie compassion[1] Audebert en plein désarroi. Il cherche les mots de réconfort avec naïveté :

— Qué misère, hein, vingt noms, tout chà !... Bah ! L'figure d'votre femme, vous n'avez pas besoin de photos pour vous en rappeler !... T'nez, mi aussi, j'ai eu des misères. R'gardez min 140 réveil, min yeutenant !

Audebert constate qu'une balle a plié l'arrière de l'appareil. Ponchel enchaîne :

— Deux centimètres p'us haut j'étos tué, ch'est sûr !...

Il remonte bruyamment le ressort de l'appareil et lâche le 145 mécanisme. Une sonnerie très forte, et très particulière aussi, retentit.

Ponchel, empli d'une joie enfantine, l'interrompt en mettant la main sur son repoussoir vieillot et poursuit :

— I'sonne incore en p'us ! L'est comme mi, min réveil : incre-150 vable ! Hein ? Min yeutenant ?

---

1. **Compassion :** pitié.

V

Anna marche d'un pas déterminé. Ses petites chaussures en cuir tranchent totalement avec toutes ces bottes militaires qui vont et viennent dans les couloirs de l'état-major allemand à Berlin.

5   Elle vérifie régulièrement son chemin en jetant un œil aux panneaux placés sur certaines portes, çà et là.

Les officiers supérieurs qui la croisent se retournent sur son passage, peu habitués à voir déambuler parmi eux une femme d'une telle beauté.

10   Certains cherchent à fixer son regard, dans l'espoir d'attirer un bref instant son attention, mais elle glisse parmi ces hommes sans leur offrir plus que les effluves[1] discrets et éphémères de son parfum.

Dans son vaste bureau, le général Zimmermann se tient
15   debout au côté d'un officier devant deux petits sapins de Noël décorés et posés à même le sol.

Le jeune officier précise :

— Il est écrit dans la note qu'il faut en placer un tous les cinq mètres.

20   — Tous les cinq mètres ?... Mais ça nous en fait combien au total ?

— 100 000 environ. Soit 20 trains à convoyer sur Lille *via* Bruxelles !

— On marche sur la tête ! Des sapins ! Je vais passer plus de
25   temps à envoyer sur le front ces sapins que nos canons !

---

1. **Effluves :** senteurs.

Le général garde sa colère au fond de lui et rejoint son bureau pour ne plus avoir à contempler ces arbustes ridicules.

Le jeune officier se retire. Lorsqu'il sort du bureau de Zimmermann, il remarque Anna assise sur un banc à côté de
30 la porte du général. Elle le regarde et cherche à voir ce qui se passe à l'intérieur du bureau mais la porte se referme et l'officier s'éloigne. La sentinelle qui a refusé à Anna l'accès au bureau du général quitte sa position de garde-à-vous, ignorant la présence de la jeune femme.

35 Anna reprend la lecture du livre qu'elle a apporté pour patienter...

Elle termine le livre, le range dans son petit sac et cherche à détendre discrètement les muscles de ses épaules engourdis par une longue attente.

40 On entend la voix de Zimmermann ordonner depuis l'inté-rieur du bureau : « Faites entrer mademoiselle Sörensen ! » La sentinelle ouvre la porte du bureau puis se met au garde-à-vous en regardant droit devant elle.

Anna redresse la tête et se lève. Elle sait déjà qu'elle a marqué
45 un point car elle a parfaitement perçu une légère pointe de résignation dans la voix du général qui va la recevoir.

Elle entre dans la pièce immense et marche vers l'officier debout derrière son bureau. D'un geste poli de la main, l'officier lui indique un fauteuil. Pas un bonjour ni un salut entre ces
50 deux-là, seule Anna qui interroge en s'asseyant, sans même regarder Zimmermann :

— Comment va-t-il ?

Le vieil homme s'assoit à son tour, se cale dans son fauteuil, fixe la jeune femme, se surprend au fond de lui-même à lui
55 reconnaître un certain courage. Il ne cherche pas à prendre son temps pour lui répondre :

— Il va bien !... Son régiment a subi une violente attaque il y a quatre jours mais nos soldats ont su repousser l'assaut de l'ennemi, sans trop de dégâts. Quant à la... proposition que

60 vous m'avez adressée, je dois vous dire que je ne peux pas y donner suite. Je crois que votre nationalité danoise vous empêche de comprendre la situation. Depuis cinq mois, deux millions de nos hommes se battent sans relâche, que ce soit en Pologne contre les Russes ou en France contre la coalition
65 franco-britannique... Nous n'avons ni le temps ni l'esprit à organiser des... récitals !

Anna regarde Zimmermann posément, certaine de l'issue de cette conversation mais sans montrer d'arrogance. Elle mesure simplement l'hostilité du général à son égard. Elle ne la comprend
70 pas vraiment mais cherche à deviner le pouvoir de nuisance de cet homme à l'encontre du dessein qu'elle nourrit depuis des jours.

Elle prend la parole, d'une voix calme et déterminée :

— J'ai mis du temps à comprendre que j'avais envoyé ma
75 lettre à la mauvaise personne ! Le fils de votre empereur, le... Kronprinz comme vous dites, est ravi à l'idée d'écouter un récital le soir de Noël, là-bas en France, dans son quartier général, à l'arrière du front...

Zimmermann se tasse légèrement dans son fauteuil. Il sait
80 qu'il a perdu cette partie. Anna continue de sa voix posée :

— Vous vous occupez des canons, des trains et des hommes aussi, semble-t-il. Il serait bon, m'a-t-on dit, que vous apposiez votre signature sur ce document, à côté de celle du Kronprinz, avant de l'adresser à vos gens...

85 Elle pose devant le général un papier sorti de son petit sac à main. Le général le parcourt sans un mot, puis fixe Anna. Un temps.

— Ça vous avancera à quoi de le revoir un soir ?

— Ce sera plus qu'un soir !... Nos minutes seront plus longues
90 que les vôtres...

Un sourire se dessine sur le visage de la jeune femme. Le vieil homme devine chez Anna une force de vie, une foi en l'avenir qui lui rappellent sa jeunesse, ses propres élans amoureux

aussi. Le poids du temps qui a passé voile le regard du général
95 un bref instant.

Anna ne voit pas ce changement d'humeur. Normal. Elle est
déjà ailleurs...

VI

Tout a changé et pourtant tout est là.

À ceci près que la neige a recouvert le décor de la guerre.

Dans la tranchée écossaise, les soldats vont et viennent en marchant dans une neige fine qui assourdit leurs pas. En ce matin du 24 décembre 1914, la bonne humeur règne dans les premières lignes car le roi George V[1] et, avec lui, tout le royaume ont envoyé aux soldats des vivres de circonstance : des caisses de whisky, des gâteaux, des conserves de canard, d'oie et autres délicates attentions. Les hommes ont plaisir à transporter ces caisses, les stocker, les compter comme ils le font d'habitude avec les munitions.

Sur chaque visage juvénile[2] on lit le même sourire plein de promesses pour le banquet de ce soir.

Jonathan est assis derrière le parapet de la tranchée. Il regarde avec prudence le no man's land depuis une meurtrière.

Il voit les murs de la ferme Delsaux, partiellement détruits. Les contours des charpentes calcinées se dessinent nettement sur le ciel blanc de la neige à venir. Devant la ferme, le tapis neigeux recouvre les boursouflures de la tranchée allemande. Même les barbelés devant le parapet allemand sont constellés de givre.

Pourtant, on devine les créneaux d'où pointent quelques mausers[3] prêts à faire feu au cas où une cible inespérée se présenterait.

---

1. **George V (1865-1936) :** roi de Grande-Bretagne et d'Irlande de 1910 à 1936.
2. **Juvénile :** jeune.
3. **Mausers :** fusils et pistolets semi-automatiques (du nom de la fabrique d'armes).

Sur le no man's land immaculé, nulle trace de passage humain.
25 À peine si la paisible régularité du manteau neigeux est çà et là
abîmée par un bras, une épaule, un sac à dos qui n'a pas voulu
disparaître tout à fait.

Jonathan s'efforce de se souvenir de l'endroit où, dans la
tourmente, il a laissé William, mais la fureur du moment l'a
30 empêché de fixer dans sa mémoire un détail lui permettant
de se repérer.

Il parcourt du regard une dernière fois l'étendue neigeuse
puis redescend dans la tranchée pour terminer la lettre qu'il a
commencée :

35 *« Maman,*

*« On a bien reçu, William et moi, ton paquet et ta lettre. Merci
pour les moufles et les cache-nez, ce n'est pas de trop ici, il fait
si froid... On aime savoir que toi, au moins, tu es bien au chaud
chez nous ! Merci aussi pour ton gâteau, j'espère qu'il en restera*
40 *pour le soir de Noël. Nous t'embrassons très fort.*

Tes deux garçons qui t'aiment. »

Palmer arrive par un boyau de liaison[1]. Il découvre la tranchée
encombrée de caisses de whisky autour desquelles vont et
viennent les soldats. Il se dirige vers Jonathan qui termine sa
45 lettre :

— Ben dis donc ! En voilà des munitions ! Je suis invité,
j'espère ?

Mais l'attention de Palmer est attirée par un commandant
britannique, impeccable, une casquette au liseré rouge vissée
50 sur le crâne. L'officier réajuste son lourd manteau de fourrure
en sortant de la cagna de Gordon qui lui emboîte le pas.

---

1. Voir la note 3, p. 30.

Le commandant se tient très droit devant le lieutenant Gordon, qui porte un cache-nez autour du cou. Ce dernier poursuit une conversation entamée à l'intérieur de l'abri :

55 — C'est que mes hommes sont...

— Mais nous sommes tous fatigués, Gordon !... Tous ! Si les Allemands attaquent ce soir ou demain comme on le dit, il vous faudra faire face ! De toute façon, je n'ai personne pour vous relever avant trois jours.

60 Les deux officiers se saluent et le lieutenant s'éloigne. Le commandant remarque la présence de Palmer et se dirige vers lui.

— Tiens donc ! Mais c'est notre vaillant brancardier ! C'est vous qui avez failli faire tuer un des vôtres sur le no man's land... Un brancardier, ça sert à sauver des vies, pas à les mettre en péril !

65 J'avais donné des ordres, très clairs, interdisant à quiconque de sortir des tranchées, au cas où il aurait fallu faire face à une contre-attaque allemande.

— Je sais, mon commandant, mais...

— Mais vous vous en foutez ! Je vous conseille à l'avenir de

70 ne pas trop jouer les saint-bernard[1] et de vous tenir vraiment à carreau[2] en ce qui concerne la discipline militaire... Et puis, d'abord, expliquez-moi ce que vous faites ici, en première ligne, en l'absence de combat ?

— Je suis venu simplement rendre visite à un ami et...

75 — Un quoi ?... Vous vous croyez dans votre paroisse, ici ? Hein ? Vous allez retourner à l'arrière avec moi, immédiatement !

Le commandant finit d'enfiler ses gants de cuir noir. Il se dirige vers le boyau de liaison. Mais Palmer appelle l'officier supérieur.

— Mon commandant ! Par ici, c'est plus court...

80 D'un doigt, le prêtre indique le départ d'un autre boyau, plus loin.

---

1. **Saint-bernard :** chien de montagne utilisé par les sauveteurs ; par extension, au sens figuré, personne toujours prête à porter secours.
2. **Se tenir à carreau :** faire bien attention.

Le commandant revient vers Palmer et marche à ses côtés dans la tranchée. À hauteur d'une sentinelle, le prêtre fait un geste bizarre : il frotte son nez avec la paume de sa main. La
85 sentinelle sourit et fait le même geste discrètement.

Les deux hommes s'engouffrent dans le boyau. Son entrée est surmontée d'un panneau de bois où est peinte en anglais l'inscription « chiottes ».

Palmer parle à voix haute et tous les hommes dans la tranchée
90 tendent l'oreille tandis que Gordon allume sa pipe, l'esprit encore accaparé par la discussion avec son supérieur.

— Je suis désolé de vous faire passer par les chiottes... je veux dire : les toilettes, mon commandant, mais...

— Taisez-vous ! C'est toujours par ici ?
95 — Oui, mon commandant ! Toujours par ici !

Alors la sentinelle complice du prêtre tire un coup de fusil en l'air, en direction des deux hommes dont on ne voit que les couvre-chefs.

Aussitôt le béret semble se jeter sur le képi d'officier et les
100 deux disparaissent du champ de vision dans un bruit immonde de cloaque fangeux.

On entend le commandant hurler de dégoût et Palmer expliquer que les snipers[1] allemands sont très à l'affût en ce moment.

Les soldats dans la tranchée se marrent franchement en
105 tendant l'oreille vers les deux voix qui s'éloignent. Gordon tire sur sa pipe et finit par éclater de rire lui-même, lâchant un vague « ça suffit ! » à ses hommes, pour la forme.

*

Dans la tranchée allemande, tout le monde est aux aguets : un coup de fusil est rarement bon signe.

---

1. **Snipers :** tireurs embusqués.

110 — Alors ? demande Horstmayer au guetteur posté dans la grange en ruine.

— Rien !... Ils ont tiré un coup de fusil mais il ne se passe rien, mon lieutenant !

— Bon ! Gardez l'œil sur eux. Ils sont capables de tout, même
115 une veille de Noël !

Horstmayer s'éloigne du petit poste d'observation et rejoint un officier de liaison qui l'attend dans la tranchée. Les deux hommes se saluent au milieu d'une cohue de soldats allant et venant, des sapins de Noël dans les bras ou portant des caisses de
120 bière, schnaps et conserves de saucisses, jambon et choucroute.

— Savez-vous qui a eu cette idée de génie ? demande Horstmayer à l'officier en désignant un sapin dont les branches manquent de lui griffer le visage au passage.

L'officier, qui partage la même incompréhension, se contente
125 de hausser les épaules, habitué peut-être à d'autres incongruités[1] de la part de l'état-major.

Il tend un pli à Horstmayer qui le décachette. Celui-ci parcourt le document, plutôt surpris, regarde l'officier qui, d'un mouvement de tête, évite à son tour un sapin encombrant, et
130 appelle Sprink.

— Vous allez nous quitter, Sprink ! Pour une nuit seulement...

— Où m'emmène-t-on ?

— Chez vous en quelque sorte... là où vous feriez mieux de rester !

135 — Vous préféreriez que je ne revienne pas ?... Mais qu'est-ce que vous me reprochez, franchement ?

Horstmayer signe le papier présenté par l'officier de liaison. Puis il fixe Nikolaus et répond à la question qu'un simple soldat ne se serait jamais permis de poser.

140 — Quand ils ont dissous votre régiment complètement décimé, j'ai été forcé de vous prendre dans mon unité. Mais je ne

---

1. **Incongruités :** actions ou paroles déplacées (par rapport à un contexte).

voulais pas de vous ! Vous êtes plus âgé que mes hommes, vous courez moins vite qu'eux et vous ne savez pas vous servir de vos mains. Dans ma section, je veux des maçons, des boulangers,
145 des paysans mais sûrement pas des artistes du grand monde ! Vous êtes un poids mort pour moi ! Voilà ! Allez ! L'officier doit repartir avec vous et j'ai des sapins qui m'attendent !

Horstmayer s'éloigne et donne un coup de pied dans un sapin qui le gêne. On entend la sonnerie très particulière du
150 réveil de Ponchel qui sonne dans la tranchée française. Cela semble l'énerver :

— Bon, allez, on se grouille ! Il est déjà 10 heures et on n'a rien fait !

Nikolaus est sur le point de partir, accompagné de l'officier
155 de liaison. Il semble contrarié tout en prenant congé de ses compagnons de combat. Il serre plusieurs mains, finit par suivre l'officier puis il se retourne et jette un dernier regard à ceux qui restent dans la tranchée. La tristesse se lit sur les visages qui le regardent s'éloigner, en particulier Jorg qui tient dans les mains
160 des guirlandes dont il ne sait que faire.

*

Ponchel arrête la sonnerie du réveil et en remonte le mécanisme. Dans la tranchée française, les hommes se préparent à boire le café qu'a préparé l'homme du Nord.

Chacun sort son quart du sac, le nettoie pour la forme et
165 prend rang dans la petite file qui s'est formée près de la cafetière de Ponchel.

Mais Ponchel, lui, est occupé. Un peu plus loin, il coupe les cheveux de « son » lieutenant qu'il a fait asseoir sur les caisses de champagne livrées ce matin par l'état-major français.
170 D'ailleurs, la tranchée est passablement encombrée de colis et autres conserves envoyés par les familles à leurs enfants retenus sur le champ de bataille. Toutes les provinces gastro-

nomiques semblent rivaliser dans un gigantesque concours culinaire. Mais les mères et les femmes qui ont concocté ces
175 conserves ne cherchent pas à remporter le titre de meilleure cuisinière pour la tranchée. Elles ont simplement voulu, au travers des saveurs de leur pays, se rappeler à la mémoire de celui qui leur manque tant. Cuisiner pour celui qui est parti leur a permis de faire taire un moment le chagrin avec lequel
180 elles apprennent à vivre, mal.

Ponchel s'amuse à manier les ciseaux derrière Audebert qui s'inquiète :

— Tu y vas doucement quand même, hein ?

— Min yeutenant ! J'étais l'meilleur coiffeur pour hommes
185 dans tout Lens qu'j'vous ai dit ! Ch'est bien simp', même l'maire, i v'nait s'faire couper ses ch'veux dans min salon !

— Est-ce que Henri Hennebicque, ça te dit quelque chose... comme client ?

— Hennebicque... Hennebicque... Non ! Ch'a m'dit rien,
190 ch'nom-là !

— C'est mon beau-père, il était adjoint au maire, 211, allée des Cyprès ! Monsieur et Madame Hennebicque...

— Va ouite ! Vous m'avez jamais dit ça... Allée des Cyprès ! Ben, j'connais bien ! J'y suis allé une paire de coups[1] pour porter
195 à réparer min vélo !... Chez Narcisse Denoyelle, au 43 !

— Je vois... je vois très bien : un petit portail bleu !

— J'peux bien vous l'dire à vous, maintenant... Des fois, l'soir, j'monte sur le talus du chemin qui mène à l'ferme, en douce pour pas m'faire tuer... P'is[2] là, j'm'assois... J'l'connos bien, la ferme
200 Delsaux, vous savez ! J'y venais à vélo chercher des œufs p'is du lait. D'braves gens, les Delsaux ! D'l'autre côté de l'ferme, y a la route... qui va direct à Lens... Des fois je m'dis qu'en marchant ben j'serais chez moi au bout d'une heure sans forcer, tranquille

---

1. **Une paire de coups :** une paire de fois.
2. **P'is :** puis.

quoi !... Y aurait maman, à l'porte, qui m'attendrait avec une
205 cafetière pleine sur le poêle... comme avant tout ça, quoi !

Ponchel s'est arrêté de couper les cheveux d'Audebert. Il
regarde en direction de la ferme, trop loin pour l'apercevoir
de là où il se trouve. Mais qu'importe : il n'a pas besoin de la
regarder pour la voir.

210 Un voile passe sur son visage. La réalité de la tranchée le
ressaisit.

— ... Que misère tout d'même tous ches poux-là ! Enfin ! Ben
j'crois bin qu'ch'est fini min yeutenant !

Il sort de sa poche un petit miroir qu'il place derrière la nuque
215 d'Audebert, machinalement.

— Ponchel ! Tu oublies qu'il n'y a pas de miroir en face !

— Ah ! Ben vingt noms ! Que j'suis con, mi !

Les deux hommes éclatent de rire.

— Z'in faites pas, mon yeutenant ! Z'êtes impeccab' pour la
220 p'tite fête de c'soir !

— Si tu l'dis !... Merci beaucoup !

Audebert se lève tandis que Ponchel lui époussette les épaules.

VII

L'effervescence[1] est grande aux abords du château où loge l'état-major allemand, à une dizaine de kilomètres du front. Dans cette imposante propriété de la fin du XVIIIe siècle, nichée au milieu d'un parc quelque peu délaissé, on achemine tout ce qu'il faut pour la fête organisée ce soir, veille de Noël.

Les ordres allemands pleuvent pour réguler la circulation des tonneaux de vin, de bière, les pièces de charcuterie et de boucherie portées à dos d'homme.

Au milieu de cette cohue s'immobilise une voiture à moteur, au pied du perron. Aussitôt, un officier se précipite vers le véhicule dont un simple soldat ouvre la portière arrière.

Anna en descend sans rien laisser paraître de la fatigue du voyage.

L'officier, déférent[2], se découvre et l'invite à gravir les marches du perron.

Dans le hall du château, des soldats et des civils âgés s'affairent autour d'une crèche, décorent de guirlandes les murs et les tableaux exposés.

Un portrait du Kronprinz trône impérialement au-dessus d'une banderole où est inscrit en allemand :

« Bienvenue à Sa Majesté le Kronprinz ! Joyeux Noël ! »

Les officiers présents s'interrompent en voyant Anna et la saluent avec des claquements de talons.

L'attention de tous est subitement attirée par la chute bruyante d'un tableau dont la vitre a volé en éclats. Le pauvre soldat

---

1. **Effervescence :** agitation.
2. **Déférent :** courtois et respectueux.

responsable de ce fracas cherche maladroitement à rassembler les débris mais l'officier qui a accueilli Anna est déjà sur le malheureux.

Anna profite de l'incident pour s'éclipser discrètement. Elle
30 se glisse dans un couloir, ouvre une porte et dévale un escalier.

Dans la cuisine du château, au sous-sol, dîne un couple d'un certain âge. Le port[1] est raide, suffisamment pour ne pas laisser le poids des ans entamer l'allure altière de ces deux-là. Ils portent des vêtements qui respirent un temps ancien, leur temps.

35 La porte s'ouvre sur Anna, interloquée de voir ce couple suranné[2] dîner aux chandelles dans cette pièce à moitié enterrée.

Elle se ressaisit et pose une question en allemand.

La vieille dame se tourne vers son époux qui regarde Anna avec un mépris policé[3].

40 La soprano[4] rectifie :

— Excusez-moi, savez-vous où on a installé Nikolaus Sprink ? Il est arrivé il y a une heure environ.

— Sprink ? Le ténor ? Ici ? demande la vieille dame, surprise. Mais son mari enchaîne immédiatement :

45 — Mademoiselle, bien que propriétaires des lieux depuis trois siècles, nous ne sommes plus chez nous depuis le 27 septembre dernier. Renseignez-vous ailleurs, je vous prie.

Anna se résigne à quitter la pièce quand la vieille dame lui souffle :

50 — Si ces gens ont un minimum de goût, ils l'ont installé dans notre chambre, au dernier étage, face à l'escalier !

Anna la remercie d'un hochement de tête juste avant de disparaître en refermant la porte.

---

1. **Port :** maintien, allure.
2. **Suranné :** fort ancien.
3. **Policé :** raffiné.
4. **Soprano :** la plus élevée, la plus aiguë, des voix de femme ; il s'agit évidemment d'Anna.

Chapitre VII

Le vieux monsieur regarde sa femme reprendre le cours de
55 son maigre repas. Il lui lâche :

— Ma pauvre amie ! Le bon goût... chez des Prussiens[1] !

Cette remarque n'appelle aucune réaction chez la vieille dame,
qui termine son potage en veillant à ne pas se brûler.

*

Lorsqu'Anna est entrée dans la chambre bleue, ils ne se sont
60 rien dit.

Il est resté assis près du feu de la cheminée qu'il contemplait
avant qu'elle n'arrive comme un marin redécouvrant son port
d'attache après des mois d'absence.

Anna a refermé la porte derrière elle sans le quitter des yeux.
65 Puis elle s'est avancée en se débarrassant de sa veste et de son
chapeau.

Il s'est tourné vers elle, comme abasourdi. Elle lui a pris la
tête dans ses bras. Sprink s'est écarté pour la protéger des poux
qui lui courent sur le crâne mais la jeune femme a resserré son
70 étreinte et ils se sont alors abandonnés l'un contre l'autre.

Il a respiré son parfum de nouveau et, dans un effort, il a
combattu les images du bonheur d'avant pour ne pas se noyer
dans un chagrin sans fin.

Alors Anna s'est mise à genoux, et elle est venue cueillir un
75 baiser sur les lèvres de son amant. Ce contact-là a rompu une
digue : celle des larmes et du désir retenus.

---

1. La Prusse, autour de laquelle se sont construits à partir de 1870 l'unité et
l'Empire allemands, passait pour un pays peu sensible aux arts en raison de
ses fortes traditions militaires.

VIII

Le couple est debout devant une psyché[1]. Ils ont revêtu les costumes qu'on leur a préparés pour le récital.

Anna savoure cet instant où elle retrouve le Nikolaus qu'elle craignait avoir perdu. Elle regarde le reflet de son visage et lui dit :

5 — Nous allons chanter... chanter ensemble... comme avant !

— Je ne suis plus comme avant, Anna ! lui répond-il, le visage sombre.

— Chante ! Chante pour moi... pour nous, lui dit-elle en se plantant devant lui.

10 Il la regarde et sent à quel point elle ne peut le comprendre.

À l'ouverture des portes du salon, les officiers mettent fin à leurs conversations animées : ils admirent le couple qui s'avance. Aussitôt les applaudissements retentissent, nourris et chaleureux.

15 Le couple traverse cette assemblée déjà conquise. Anna, droite, a fière allure ; elle adresse des sourires de remerciement aux officiers qui la fêtent. Pour Nikolaus, la situation semble totalement décalée, voire absurde. Il regarde étonné ces officiers qui ne voient plus en lui le soldat qu'il se sent désormais être 20 avant tout.

Le général Zimmermann replie négligemment une carte militaire qu'il étudiait avant l'arrivée des deux artistes. Il regarde passer le couple qui est maintenant le centre d'intérêt du parterre des officiers, sans en partager l'enthousiasme.

---

1. **Psyché :** grande glace mobile, montée sur un châssis à pivots, que l'on peut incliner pour se regarder de la tête aux pieds.

25   On leur ouvre une dernière double porte qui donne dans
une pièce où se tient, seul, le Kronprinz, assis dans un fauteuil
plutôt austère[1]. Le prince, âgé d'une trentaine d'années, se lève
et vient accueillir le jeune couple.

Il regarde Nikolaus de la tête aux pieds et commente :

30   — Je constate avec plaisir que la guerre ne vous a pas entamé !
Votre engagement comme simple fantassin a beaucoup marqué
les esprits, vous savez !

— Je ne me suis pas engagé, Votre Altesse ! J'ai été appelé,
comme tout le monde !

35   Le Kronprinz masque la déception que lui inspire la réponse
du ténor. Il se tourne alors vers Anna, visiblement très sensible
à la beauté de la jeune femme, particulièrement mise en valeur
ce soir :

— Je vous félicite, mademoiselle, pour votre initiative, en
40 tous les cas ! Il n'y a qu'une femme pour nous rappeler que,
même pendant les guerres, Noël existe encore... Grâce à vous
deux, et à vos voix, ce soir, nous serons comme à Berlin, où il
me tarde de rentrer.

Le Kronprinz se tourne vers Zimmermann, l'invitant à prendre
45 la parole derrière le jeune couple.

Le vieux général donne son pronostic :

— Au printemps prochain... si tout se passe comme prévu !

— Au printemps prochain ! reprend le prince.

On sent dans ses yeux qu'il imagine déjà son retour au
50 milieu des jardins et des vergers fleuris des beaux quartiers
berlinois...

*

---

1. **Austère :** sans ornement, très simple.

Une pianiste joue les premières notes de *Bist du bei mir*[1], un quatuor à cordes[2] l'accompagne.

Nikolaus, debout devant les musiciens, semble redécouvrir
55 totalement la sonorité même des instruments. À ses côtés, Anna attaque d'une voix posée et assurée les premières paroles du chant en regardant le Kronprinz, assis seul dans la pièce, en face d'eux.

À son tour, Nikolaus répond à Anna quand soudain sa voix
60 le trahit et il se met à tousser nerveusement.

Les musiciens, surpris, s'arrêtent de jouer. Le Kronprinz ne bouge pas et fixe du regard Anna. Celle-ci se tourne vers son partenaire et lui prend les mains.

Imperturbable, la jeune femme regarde Nikolaus comme s'ils
65 étaient seuls au monde. Elle lui presse doucement les paumes des mains pour qu'il ne voie qu'elle, ne sente qu'elle. Elle exécute un léger signe de tête et les musiciens recommencent à jouer. Elle chante les paroles sans quitter des yeux Nikolaus. Le ténor regarde la bouche d'Anna qui détache parfaitement chaque
70 mot. Et il la rejoint vocalement, un peu hésitant, mais prenant rapidement de l'assurance, retrouvant ses marques d'antan. La voix, de nouveau, est là, puissante et maîtrisée.

Dans les yeux d'Anna montent des larmes qu'elle sait retenir. Elle écoute la voix retrouvée de celui qu'elle aime, savoure sa
75 victoire sur le temps, la guerre aussi. Pour le moment.

En pleine possession de ses moyens, le jeune couple se tourne alors vers le Kronprinz, totalement envoûté par les deux voix qu'il venait écouter si souvent à l'Opéra de Berlin.

Derrière les portes de la pièce où se donne le concert, les
80 officiers écoutent, attentifs, une coupe de champagne à la main.

---

1. ***Bist du bei mir*** : « Reste avec moi », célèbre aria de l'opéra *Diomède ou l'Innocence triomphante* (1718), du compositeur allemand Heinrich Stolzel (1690-1749).
2. **Quatuor à cordes :** ensemble de quatre musiciens violonistes.

À l'écart, Zimmermann a repris l'étude de sa carte militaire. Dans la cuisine des sous-sols, le chandelier éclaire à peine les visages usés du couple propriétaire des lieux. La même admiration réunit ces deux âmes, fait taire un instant leur rancœur.

85 Le concert fini, Nikolaus fume une cigarette sur la terrasse du château. Il est assis seul sur un banc, à proximité des grandes fenêtres du salon où le champagne égaie bruyamment l'assistance militaire.

Anna le rejoint et s'assoit à ses côtés. Elle regarde la cigarette 90 qui se consume entre les doigts de Nikolaus.

— Tu fumes maintenant ?

— En tranchée, tout le monde fume... On fait passer le temps comme on peut !

Il jette sa cigarette et se redresse, un peu triste. Elle se 95 souvient :

— Il y a aujourd'hui cinq ans jour pour jour, tu me rejoignais sur une terrasse... un peu comme celle-ci...

— Oslo !... mon Dieu ! Cinq ans !... cinq ans, déjà... C'est terrible, il faut avoir peur de mourir pour apprécier le temps 100 qui passe à sa juste valeur !

Un éclat de rire provenant de l'intérieur du château attire l'attention de Nikolaus qui regarde ces officiers faire la fête.

— Tous ces gens planqués, qui boivent du champagne et qui paradent, commente-t-il avec mépris. Il semble hésiter 105 puis poursuit :

— Il faut que tu comprennes : je dois retourner là-bas. Je me dois de chanter pour mes camarades ce soir... surtout ce soir !

— Ça fait des mois que je rêve d'être ici près de toi et tu veux partir ?

110 — Laisse-moi juste chanter pour eux ! Je serai de retour très vite.

— Je viens avec toi ! dit-elle d'un ton ferme et sans appel.

— Mais non ! Tu ne sais pas ce que c'est, là-bas ! C'est beaucoup trop dangereux, non.

115   — Depuis que tu es parti, il ne s'est pas écoulé un instant sans que je me demande si tu étais encore de ce monde. Tu es vivant et je suis avec toi. Le reste... J'ai voulu et attendu cette nuit trop longtemps pour laisser filer des instants sans toi !... Et puis, sans mon laissez-passer impérial, tu n'iras pas loin.

120   — Tu as un laissez-passer ?

Anna soutient le regard de Nikolaus en arborant un léger sourire...

IX

Le lieutenant Audebert termine la lecture d'un ordre de l'état-major, en concluant par la formule habituelle sur la confiance de la patrie envers ses soldats. Dans la tranchée, personne ne réagit à ce qui vient d'être lu. Les hommes sont assis de part et
5 d'autre d'une longue table faite de caisses retournées sur laquelle trônent des bouteilles de champagne, mais aussi tous les colis que les hommes ont reçus de leur famille.

Des bougies ont été allumées et dressées dans des bocaux de conserve. Un soldat craque et dit tout haut :

10 — Tout de même, mon lieutenant, vous ne croyez pas que nos chefs pourraient nous foutre la paix un soir de Noël ? Hein ?

— Surtout que c'est toujours sur nous que ça retombe les corvées, renchérit un deuxième enhardi par le premier.

Des murmures d'approbation s'élèvent autour de la table
15 mais Gueusselin, un solide gaillard d'une quarantaine d'années, se lève :

— Moi, je suis volontaire pour y aller !

Audebert s'approche de Gueusselin et le considère avec gravité :

20 — Pas d'histoire, Gueusselin, hein ? Vous vous approchez des lignes, vous repérez les positions des mitrailleuses et vous revenez tranquillement, c'est compris ?

— Avec la pleine lune qu'on a, si je me fais repérer, j'ai l'droit de riposter, mon lieutenant ?

25 — Faites-vous discret et revenez vite... Si vous voulez manger chaud !

Gueusselin sourit drôlement puis se dirige vers une échelle permettant d'accéder au no man's land. Avant de gravir les

marches, il s'assure qu'Audebert ne le voit pas et en profite
30 pour prendre discrètement deux grenades qu'il glisse dans sa
poche. Il disparaît bientôt sous le regard de ses camarades dans
la nuit. Mais personne n'y prête attention tant les rires et les
conversations de leurs voisins écossais sont bruyants à côté.

Dans la tranchée écossaise, on s'est réuni également autour
35 des meilleurs produits d'Écosse et, bien entendu, le whisky
des Highlands y tient une place de choix. Il faut souvent aller
chercher d'autres bouteilles dans les caisses entreposées contre
le talus qui les sépare des Français. On a d'ailleurs mis là un
panneau « Froggyland »[1] avec une flèche vers le haut indiquant
40 « 5 feet »[2].

Palmer et Jonathan rejoignent le groupe qui a déjà consommé
un grand nombre de bouteilles. Le prêtre s'étonne de voir
quelques cornemuses traîner dans l'assistance :

— Eh, les gars ! D'où sortez-vous ces cornemuses ?
45 — C'est les types du 67e bataillon qui nous les ont passées
quand ils ont su au cantonnement qu'on était de 1re ligne pour
Noël, lui répond un des musiciens.

Il lui prête alors son instrument et le prêtre prend place
parmi les soldats assis au fond de la tranchée ou sur des caisses.
50 — Allez, mon père ! Jouez-nous une chanson, demande
Gordon.

— Et si on chantait *I'm dreaming of home*[3] ? propose un soldat.

Alors Palmer commence à jouer le début de cette vieille
chanson des Highlands, Gordon entonne les premiers mots et,
55 rapidement, toute l'assemblée chante en chœur.

---

1. **Froggyland** : « pays des grenouilles », en anglais, c'est-à-dire la France –
les Écossais et les Anglais appelant les Français des « grenouilles » parce
qu'ils mangent des pattes de grenouille.
2. **5 feet** : « cinq pieds », en anglais – le pied étant une mesure de longueur
anglo-saxonne valant 30,48 cm.
3. *I'm dreaming of home* : « Je rêve de mon pays, de mon chez moi ».

Les voix et les cornemuses emplissent l'espace sonore...

Sur le no man's land, Gueusselin tend l'oreille puis se plaque dans la neige, à la manière d'un mort abandonné au milieu des autres. Mais rien ne semble bouger côté allemand. Il reprend
60 sa reptation[1] discrète.

Dans la tranchée allemande, on tend aussi l'oreille. Les soldats qui sont assis sur des caisses font bombance avec de la choucroute en conserve envoyée par les familles, de la charcuterie, du vin blanc d'Alsace et du schnaps[2] bien sûr.

65 Mais ils écoutent les paroles anglaises apportées par la nuit, accompagnées des cornemuses. Ils n'en comprennent pas le sens mais ressentent profondément la nostalgie du pays qu'elles évoquent. Jorg mâche un morceau de jambon. Il regarde les sapins de Noël décorés qui se dressent dans le fond de la tran-
70 chée, parmi les hommes qui mangent. Le spectacle des guirlandes et des bougies, associé à la chanson, le ramène à Berlin.

Il n'est pas le seul à être envahi par cette nostalgie. Dans les yeux de ces hommes sales et fatigués, dansent les images des Noëls d'avant tout ça : des visages familiers et aimés surtout, mais aussi
75 des rues de villes illuminées, des glissades sur des petits lacs gelés, des fenêtres éclairées où viennent mourir des flocons poussés par le vent de la nuit, la chaleur aussi d'un lit moelleux avec, pour les plus chanceux, le contact d'un corps aimé...

Les Français, interloqués, regardent leur panneau
80 « Rosbifland[3] : 2 mètres ». Mais dans leurs yeux dansent les mêmes images. Chacun se laisse porter par la chanson jusqu'au pays des souvenirs d'antan. C'est un voyage qu'ils se risquent rarement à faire, il leur est trop dur, ensuite, de reprendre le barda pour le jeter sur leur dos et marcher dans des boyaux sans fin.

---

1. **Reptation :** avancement en rampant (à la manière d'un serpent).
2. **Schnaps :** eau-de-vie allemande.
3. **Rosbifland :** « pays des Anglais », ces derniers étant familièrement appelés « rosbifs » par les Français.

85 Mais ce soir, ils se relâchent, s'offrent de toutes petites vacances dans leur tête pour pas cher, une parenthèse personnelle.

Seul un chat roux n'écoute pas la chanson. Confortablement blotti dans les bras de Ponchel, il lui boulotte sa part de jambon avec application et gourmandise. Ponchel a même oublié qu'il
90 y avait du jambon dans son assiette.

La chanson touche à sa fin et le dernier refrain est entonné avec une ferveur extraordinaire par tous les Écossais. Des « hip hip hip yeah ! » tonitruants saluent la performance vocale du groupe. Chacun reprend des forces bien méritées en remplissant
95 joyeusement son gobelet ou son assiette.

— Ils ont l'air de bien faire la fête en face ! Vous n'avez pas envie de les imiter ?

À ces mots, tous les soldats allemands se tournent et découvrent, à l'entrée du boyau qui débouche dans leur tranchée,
100 Nikolaus en uniforme de simple soldat avec Anna, derrière lui, dans un long manteau rouge sombre à capuche.

Nikolaus leur présente sa bien-aimée comme si de rien n'était, et les soldats sont totalement abasourdis de voir un visage de femme parmi eux.

105 Horstmayer surgit et se place devant le couple :

— Qu'est-ce que c'est que ça ? Vous étiez censé revenir demain ! Et qu'est-ce que vous faites avec... mademoiselle ? Vous êtes complètement fou de l'amener ici...

— Mon lieutenant, j'ai réussi à convaincre le Kronprinz
110 qu'un peu de musique ne serait pas de trop ici, un soir de Noël, répond Nikolaus.

Horstmayer ne dissimule pas son immense surprise puis, se rangeant à l'avis impérial, lâche :

— Très bien ! Allez-y ! Poussez donc la chansonnette...

115 Et il retourne s'asseoir sur sa caisse de bois, finir sa gamelle de charcuterie. Sans plus tarder, Nikolaus se dirige alors vers ses camarades, en particulier Jorg, et tous saluent affectueusement son retour parmi eux.

Le ténor monte sur la banquette, celle qui permet aux tireurs
120 d'être à la bonne hauteur des créneaux de tir. Mais un sapin
l'encombre. Alors le ténor se penche, prend le sapin illuminé
de bougies et le pose sur le parapet de la tranchée.

Les soldats regardent l'arbre de Noël scintillant se détacher
nettement dans le ciel de la nuit.

125 Aussitôt ils imitent Nikolaus et, rapidement, tout le parapet
est couvert de sapins illuminés, un tous les cinq mètres environ.

Gueusselin rampe sans bruit sur la neige gelée quand il voit
des lueurs danser devant lui sur le manteau neigeux. Il lève la
tête et découvre le spectacle extraordinaire qui s'offre à lui.

130 Surpris puis inquiet, il roule se mettre à l'abri dans un cratère
d'obus, à quelques mètres de la tranchée allemande.

Dans la tranchée française, Couturier, le soldat de garde, a appelé Audebert. Tous deux observent la ligne d'en face illuminée.

— J'aime pas ça, mon lieutenant !... C'est peut-être une diver-
135 sion en vue d'un sale coup, non ? se méfie Couturier.

Mais Audebert se tait. Il n'arrive pas à détacher son regard
de la ligne scintillante des bougies, à cent mètres.

Debout sur la banquette de tir, Nikolaus écoute les notes
jouées à l'harmonica par Jorg. Il sourit et chante les premières
140 paroles de *Stille Nacht*.

Toute la tranchée allemande écoute la voix extraordinaire
du ténor interpréter leur chant de Noël par excellence. Même
Horstmayer se laisse gagner par l'ambiance générale. Il regarde
surtout ses hommes avec compassion. Il sent à quel point ces
145 paroles, écoutées ou chantées par tous depuis leur tendre
enfance, réchauffent les cœurs fatigués, dérident les visages
vieillis avant l'heure, éloignent le spectre des souvenirs horribles,
enfouis depuis cinq mois maintenant.

Nikolaus donne la pleine mesure de son art au travers de ce
150 chant populaire. Anna le regarde chanter pour ces hommes
dont elle devine l'existence misérable en première ligne. Dans
la tranchée écossaise, les clameurs joyeuses se taisent peu à

peu et chacun tend l'oreille à son tour. Oui. Un homme chante devant eux, dans la tranchée d'en face.

155   Assis au fond de leur tranchée, les Écossais tournent instinctivement la tête dans la direction d'où semble venir cette voix extraordinaire. Ils ne comprennent pas les mots qui sont prononcés mais reconnaissent parfaitement l'air de ce chant connu dans tous les pays. Ils écoutent en silence cette voix
160 dans la nuit.

    Palmer embouche sa cornemuse et joue des notes pour accompagner la voix venue d'en face. Gordon regarde le prêtre souffler dans sa cornemuse. Il allume sa pipe.

    Nikolaus s'arrête de chanter et tous les visages allemands
165 se tournent dans la direction d'où semblent venir les notes de l'instrument écossais. Ils écoutent la cornemuse poursuivre la melodie.

    Alors le ténor reprend le chant au rythme de la cornemuse. Il regarde Anna puis marche vers un poste de guet. Il en gravit
170 les marches et se met debout, la moitié du corps totalement exposée en dehors de la tranchée.

    À quelques mètres de là, Gueusselin voit, depuis son trou d'obus, ce soldat allemand à moitié découvert qui chante face à ses camarades restés au fond de leur tranchée.

175   Couturier, depuis la ligne française, regarde Nikolaus se dresser devant lui, à cent mètres. Il colle doucement la joue à la crosse de son fusil quand Audebert pose la main sur le canon et baisse l'arme.

    Horstmayer s'est ressaisi. Il tente de se frayer un chemin au
180 travers des soldats, se dirige vers Nikolaus auquel il ordonne de descendre immédiatement.

    Le ténor s'arrête de chanter et le silence retombe.

    Mais aussitôt un tonnerre d'applaudissements éclate. Nikolaus peut voir que tous les Écossais sont assis ou debout sur le parapet
185 de leur tranchée, là-bas. Ils acclament sans retenue la performance du ténor, qui incline la tête, en guise de remerciements.

Palmer, debout sur le parapet de sa tranchée, regarde Nikolaus, situé de l'autre côté du chemin qui mène à la ferme et marque la limite entre les lignes écossaises et françaises. Il porte à la
190 bouche sa cornemuse et interprète les premières notes d'un morceau. Puis il se tait.

Nikolaus reconnaît cet air : c'est le cantique en latin *Adeste, fideles*[1] qu'on chante traditionnellement le soir de Noël dans toute la chrétienté. Alors le ténor redresse la tête et, répondant
195 à l'invitation, entonne le premier couplet. Le chant sacré soulève littéralement cet homme qui, oubliant sa simple condition de soldat, enjambe le parapet et se dresse, debout, sur les sacs de terre.

Dans la tranchée allemande, chacun retient son souffle,
200 médusé. Anna semble en totale communion avec les sentiments qu'éprouve son bien-aimé.

Nikolaus, transporté, se penche pour prendre un de ces petits sapins illuminés puis foule la neige immaculée du no man's land, en brandissant l'arbre devant lui, comme une lumière
205 dans la nuit.

Tous les Écossais se lèvent comme un seul homme en voyant venir vers eux le soldat au sapin. Ils écoutent la voix puissante du ténor, accompagnée à présent par toutes les cornemuses.

On ne sait plus, de Nikolaus ou des cornemuses, qui appelle
210 ou répond à l'autre. Le mariage des deux semble faire tomber la frontière qui courait au milieu du no man's land.

Gueusselin serre son fusil sur la poitrine lorsque, depuis son cratère d'obus, il voit passer les bottes du ténor à moins d'un mètre de lui.

215 Ponchel, debout derrière le parapet au côté d'Audebert, murmure les paroles en latin que chante Nikolaus.

---

1. *Adeste, fideles* : « Accourez, fidèles », premiers mots latins d'un hymne religieux pour la veille et le jour de Noël.

Le ténor a atteint le chemin. Il gravit le petit talus, qui est à mi-distance entre les tranchées ennemies. Il chante les derniers mots du cantique puis lève le sapin au-dessus de sa tête et le
220 pose sur le muret enneigé qui borde le chemin à cet endroit.

Le silence qui suit le chant du ténor semble encore habité par le son de sa voix.

Rapidement un soldat allemand s'adresse depuis sa tranchée aux Britanniques :
225 — Bonsoir, messieurs les Anglais !

— Bonsoir, messieurs les Allemands, lui répond-on en face, mais nous sommes écossais, pas anglais !

Et tous les soldats écossais, massés devant leur tranchée, se mettent à rire dans la nuit.
230 Sur le chemin, Nikolaus est rapidement rejoint par Horstmayer revêtu de son long manteau d'officier.

— Tout ça, c'est bien gentil mais maintenant on rentre à la maison ! On n'est pas à l'Opéra de Berlin, bon sang !

— Vous avez raison ! C'est mieux que Berlin, ici ! lui répond
235 l'artiste.

Depuis leur tranchée, les Français, attroupés derrière leur parapet, ont vu Horstmayer s'adresser à Nikolaus. Ils voient à présent l'officier écossais, le lieutenant Gordon, quitter sa tranchée et rejoindre les deux Allemands sur le chemin. Ponchel
240 n'en revient pas.

— Ben ça, c'est 'core plus fort alors ! V'là une réunion au sommet sur le no man's land p'is nous, on n'est même pas invités ! Pfououille !

— La ferme, Ponchel ! dit Audebert, se sentant vaguement
245 dépassé par ce qu'il voit. Puis il enchaîne : C'est quoi, c'bordel ?

Il se lève alors, enjambe le parapet et s'avance vers les hommes réunis.

Gordon accueille l'officier français, dans sa langue maternelle :

— Bonsoir ! Vous parlez anglais ?
250 — Oui... Un peu !

— Parfait ! Nous envisagions un cessez-le-feu pour la nuit de Noël. Qu'en pensez-vous ?

Audebert est surpris par la question. Il regarde Horstmayer et Gordon, ne sachant que penser véritablement.

255 Gordon sent le flottement et poursuit :

— L'issue de la guerre ne se jouera probablement pas ce soir... Personne ne nous reprochera d'avoir posé nos fusils une nuit de Noël !

— Rassurez-vous ! C'est juste pour cette nuit ! renchérit[1]
260 Horstmayer qui veut « rassurer » son homologue français...

Dans la tranchée française, les soldats voient revenir vers eux leur lieutenant, tandis que les autres officiers repartent vers leur camp, Nikolaus reste seul, à la vue de tous, sur le chemin.

Dans les tranchées, les commentaires vont bon train.

265 — Qu'est-ce qu'i' peuvent bien foutre ? se demande Guillemont.

— Z'en ont p't'être marre, les Boches ! Ça s'trouve, ils veulent s'rendre ! pense Moralec.

— Ça m'étonnerait ! estime Couturier.

Audebert les rejoint et s'adresse à Ponchel :

270 — Donne-moi une bouteille de champagne et mon quart !

Dans la tête de Ponchel, rien ne va plus...

Les officiers ont rejoint Nikolaus, qui les attend au milieu du no man's land. Audebert verse le champagne dans les quarts qu'on lui tend. Gordon est peut-être le seul à avoir une attitude
275 décontractée vis-à-vis de ce qui se passe à cet instant. C'est le premier en tout cas qui lève son verre et dit « Joyeux Noël » dans sa langue. Il est bientôt imité par Horstmayer puis Audebert. On trinque.

Mais un événement vient soudain modifier la situation.
280 Le ciel s'embrase sous l'effet de dizaines de fusées éclairantes tirées depuis les lignes allemandes. Une lumière vive et crue se projette sur les lieux et les visages.

---

1. **Renchérit :** reprend en précisant.

Les soldats écossais et français applaudissent à tout rompre
ce feu d'artifice impromptu. Horstmayer est furieux et se tourne
285 vers ses lignes en demandant :

— Quel est l'abruti qui a eu l'idée de faire ça ?

Il ne trouve pas de réponse à cette question et en oublie même
l'objet. Car ce qu'il voit à présent le laisse sans voix.

Tous les soldats allemands sortent tranquillement de leur
290 tranchée et s'avancent lentement sur le no man's land, une
bouteille d'alcool à la main.

Les pas de ces centaines d'hommes crissent sur la neige gelée
et emplissent les lieux d'un bruit sourd, tranquille, implacable
aussi.

295 Palmer voit les Allemands venir doucement à lui. Il s'avance
à son tour et, d'un geste de la tête, invite ses camarades à en
faire autant.

Peu à peu, le « front » écossais se met en marche. Les bottes
enjambent les barbelés et crissent à leur tour sur la neige
300 immaculée.

Les Français assistent au spectacle, totalement médusés[1].
Ponchel s'enhardit[2] et sort de la tranchée, une bouteille de
champagne dans les bras. Sans le savoir, il a donné le signal
côté français.

305 Depuis le chemin, les officiers regardent tout autour d'eux et
voient des centaines d'hommes marcher les uns vers les autres,
calmement. Les lieutenants se sentent dépassés, impuissants et
aussi terriblement fascinés par ce débordement.

Gueusselin regarde les soldats allemands qui s'avancent
310 vers lui. Il panique, cherche dans sa poche les grenades qu'il
a emportées quand il entend soudain au-dessus de sa tête un
« Joyeux Noël ! » dans un français assez germanique.

---

1. **Médusés :** stupéfaits.
2. **S'enhardit :** prend de l'assurance.

Il découvre un soldat allemand, accroupi au bord du cratère d'obus et souriant. Gueusselin hésite, laisse au fond de ses poches
315 les grenades puis se lève. De sa main, l'Allemand lui déneige le dos mais Gueusselin s'énerve et le repousse assez fermement.

Le soldat allemand hausse les épaules et rejoint ses camarades qui continuent d'avancer vers ceux d'en face.

Voilà. La jonction est faite. Les hommes s'immobilisent au
320 milieu du no man's land, face à face. On se regarde, se découvre. La même saleté, la même fatigue sur les visages les rapprochent déjà.

Jorg se tient debout face à Ponchel, qui sert toujours sur sa poitrine une bouteille de champagne. L'Allemand sort de sa capote une plaque de chocolat dont il enlève l'emballage
325 en papier. Il tend la plaque à Ponchel qui regarde le chocolat offert avec surprise puis suspicion[1]. Déclinant la friandise, le Français lui fait signe de croquer en premier dans la plaque. Les Allemands rigolent et Jorg s'exécute.

Rassuré, Ponchel prend le chocolat et leur tend sa bouteille
330 de champagne. C'est alors qu'on entend un miaulement : c'est le chat roux qui vient se faufiler entre les jambes de Jorg et Ponchel.

Jorg se penche vers l'animal et lui parle en allemand bien sûr :

— Félix ! Qu'est-ce que tu fais là ?

Ponchel s'agenouille à son tour :
335 — Mais non ! I s'appelle pas Félix ! C'est Nestor, qu'i' s'appelle !

— Allons ! C'est Félix !

— J'te dis qu'i' s'appelle Nestor ! C'est l'chat de la ferme Delsaux ! J'l'connais mieux que t'i quand même !

Ponchel, un peu énervé, rend la plaquette de chocolat à Jorg,
340 prend le chat et tente de démontrer à grand renfort de « Nestor ! Nestor ! » que l'animal connaît bien ce prénom. Finalement, le chat se glisse entre les hommes et file vers la tranchée française, sans répondre ni au « Félix ! » ni au « Nestor ! » que les deux soldats lui adressent tour à tour.

---

1. **Suspicion :** méfiance.

345   À côté d'eux, un soldat allemand tend une photo aux deux Écossais qui lui font face :

— Ma femme !

Les deux Britanniques regardent le médaillon et apprécient la beauté de la jeune femme qui leur sourit.

350   L'un des Écossais sort alors de sa capote la photo écornée d'une jeune femme.

Le soldat allemand la regarde, sourit puis la montre à ses camarades. Il porte vivement le cliché à ses lèvres et dépose un baiser impétueux sur le portrait, déclenchant l'hilarité[1] des

355 témoins. Mais l'Écossais reprend rapidement son bien, sans qu'il soit possible de deviner s'il goûte la plaisanterie.

Sur le chemin, les trois officiers ont entamé une conversation ; ils sont plus détendus. Ils ont choisi l'anglais pour parler ensemble.

— Montparnasse ? demande Horstmayer à Audebert. C'est le

360 quartier préféré de ma femme... Avec le jardin du Luxembourg !

— À propos, intervient Gordon en s'adressant au lieutenant français, vous ne nous avez pas montré votre femme !

— Comme vous, j'avais une photo d'elle, mais je l'ai perdue...

Audebert sort son calepin à dessin et l'ouvre à la bonne page.

365 Il explique :

— J'ai fait un dessin de son visage... Ça ne le remplace pas vraiment !

Il tend le croquis aux deux officiers qui lui font face. Horstmayer regarde en détail le dessin, comme troublé. Il regarde

370 Audebert et s'adresse à lui en français.

— Est-ce que vous habitez... rue Vavin, à Paris ?

Audebert est étonné par la question. Il acquiesce sans comprendre. Le lieutenant allemand continue :

— J'ai trouvé votre portefeuille dans ma tranchée, le soir de

375 votre assaut. Je l'avais gardé à cause de l'adresse inscrite sur votre carte d'identité.

---

1. **Hilarité :** rire.

Audebert est complètement abasourdi. Il prend le portefeuille que lui tend l'officier allemand, qui poursuit :

— Il y a un petit hôtel, rue Vavin... On est restés une semaine, 380 ma femme et moi, il y a deux ans... C'était notre voyage de noces !

Audebert n'écoute pas Horstmayer. Il redécouvre la photo où Madeleine, enceinte, est assise sur ses genoux. Il réussit à ne pas trahir, devant les autres, l'énorme émotion causée par ces « retrouvailles ». Il remercie sobrement Horstmayer qui trouve 385 les mots français de circonstance : « De rien... »

Assis par terre, Couturier, Moralec et Guillemont font face à Gunther, le soldat allemand qui a souhaité « Joyeux Noël ! » à Gueusselin dans son trou, tout à l'heure.

Moralec débouche une bouteille d'alcool blanc sans étiquette. 390 Il verse une bonne rasade dans le quart de l'Allemand.

— Vous êtes gonflés ! râle Couturier. C'est la bouteille à Gueusselin !

— S'en fout ! Il est parti s'coucher... tranche Guillemont qui tend son quart à Moralec.

395 Finalement les quatre hommes portent aux lèvres l'alcool pur. Les visages ont maintenant les traits caractéristiques que donne la boisson particulièrement titrée en éthanol[1].

Anna regarde la photo dans le portefeuille ouvert d'Audebert.

— Elle était enceinte de combien à cette époque ? se risque-400 t-elle à demander en français.

— Cinq mois ! C'était en juillet dernier, à Lens, chez ses parents ! Ensuite, ça s'est compliqué et il a fallu qu'elle demeure allongée. J'ai demandé à pouvoir rester auprès d'elle mais ça n'a pas marché... Je suis parti à la guerre et j'ai dû la laisser... là-bas.

405 — Vous avez pu vous écrire ? Comment va-t-elle ?

---

1. **Titrée en éthanol :** possédant un degré élevé d'éthanol, alcool d'origine végétale (blé, betterave...), utilisé comme carburant.

— Depuis fin septembre, je ne reçois plus de lettres... Le front, c'est un mur infranchissable ! Je ne sais même pas si c'est une fille ou un garçon.

Audebert estime en avoir trop dit sans doute car il s'éloigne
410 d'un pas tranquille.

Les soldats sont assis dans la plaine enneigée. Les deux lignes qui se faisaient front tout à l'heure se dessinent mal à présent. Des éclats de voix, des rires et le son des cornemuses emplissent la nuit.

Mais peu à peu, le niveau sonore baisse, car chacun tend l'oreille.
415 Oui. Ce sont bien les cloches d'un village qu'on entend tinter, par-delà les lignes françaises.

À présent, les hommes marchent ensemble, certains portant une lampe à acétylène[1] à la main.

C'est une armée, non pas unie par le même uniforme, mais
420 rassemblée dans un même esprit, qui converge vers un point du no man's land : le calvaire en pierre au crucifix en fer forgé, qui se dresse encore au milieu de quelques cratères.

Trois hommes placent des fusils en faisceau[2] et Palmer dépose sa bible entre les lames des baïonnettes.
425 Il fait face à des centaines d'hommes qui s'assoient devant lui. Il ressent très clairement l'attente de tous ces gens.

Le prêtre ouvre ses bras et dit, en latin :

— Au nom du Père et du Fils et du Saint-Esprit.

D'une seule voix, le peuple du no man's land lui répond un
430 « Amen ! » que personne n'oubliera jamais.

Jonathan est resté à l'écart de la communauté rassemblée autour du calvaire. Seul maintenant, il marche devant la tranchée écossaise. Il scrute les corps plus ou moins ensevelis sous la neige façonnée par le vent. Il s'immobilise rapidement devant la

---

1. **Acétylène :** gaz incolore, inflammable, utilisé dans les lampes et les chalumeaux.
2. **Fusils en faisceau :** fusils appuyés les uns sur les autres et formant une sorte de pyramide.

435 dépouille de William, allongé sur le dos. La neige s'est accumulée
dans la bouche, le nez et les cavités oculaires.

Jonathan sort son couteau de poche, s'allonge sur le corps
de son frère et, tout en lui chuchotant des mots inaudibles,
déneige délicatement avec la lame le visage du disparu retrouvé.

440 Un soldat allemand s'approche de lui, une bouteille de champagne à la main :

— Hé, l'Écossais ! Toi non plus tu n'aimes pas ces bondieuseries ?... J'ai du champagne des Français, t'en veux ?

Jonathan se lève et s'avance vers l'Allemand qui l'invite ami-
445 calement à le rejoindre en lui montrant la bouteille.

Le jeune Écossais s'approche, le regard fixe, sans manifester
la moindre émotion.

Le soldat allemand commence à retirer le papier d'alumi-
nium qui entoure la griffe maintenant le bouchon. Il remarque
450 l'attitude étrange de Jonathan et découvre le couteau qu'il tient
toujours dans la main.

Les deux hommes se regardent. Il n'y a plus que quelques
mètres entre eux à présent. Timidement, l'Allemand fait un pas
en arrière puis il se dirige vers sa tranchée, se retournant une
455 fois vers celui qui vient de le glacer d'effroi.

Jonathan retourne lentement vers le corps de son frère.

Palmer cherche Nikolaus des yeux dans l'assistance – le
trouve assis dans les premiers rangs, Anna blottie contre lui.

Le prêtre invite, d'un geste de la main, le ténor à chanter.
460 Nikolaus se lève et tend la main à Anna pour qu'elle en fasse
autant, et lui dit :

— Chante pour nous ! Chante pour eux !

Anna se tourne vers le prêtre, inquiète et gênée de regarder
ceux qui l'attendent en silence.

465 Lentement, elle retire la capuche de son long manteau et
inspire profondément comme elle en a l'habitude pour surmonter
son immense trac.

Et doucement la voix chante l'*Ave Maria*[1] qu'elle interprétait à l'Opéra de Berlin, le soir où un monde s'est écroulé.

470 Anna prend de l'assurance et, peu à peu, affronte son auditoire médusé.

Pour la plupart, c'est sans doute la première fois qu'ils entendent une voix de soprano[2]. Ils sont frappés par la pureté de cette voix, totalement irréelle pour eux.

475 Et dans les yeux de tous ces soldats aux uniformes mêlés danse la même flamme. Anna chante l'ultime « Amen ! » avec une telle intensité qu'il reste comme suspendu dans la nuit au-dessus de tous ceux qui sont rassemblés là.

Palmer reprend la parole et, en latin, souhaite à chacun d'aller 480 dans la paix du Christ.

Il referme sa bible et se tourne vers la croix au pied de laquelle il a prononcé les mots du Seigneur.

C'est une simple croix en métal noir et Palmer voit les impacts de balles qui ont entamé, troué le métal en plusieurs endroits.

485 Mais son attention est attirée, derrière cette croix, très loin, làbas, par les flammes des canons qui déchirent un bref instant la nuit de part et d'autre des lignes.

Le silence qui règne finit par être rompu par le son des déflagrations de l'artillerie qui arrive, étouffé, jusqu'à eux.

490 Les soldats se lèvent et écoutent, le visage grave, l'écho de la guerre qui sévit là-bas.

Horstmayer se tourne vers ses homologues écossais et français.

— Bonsoir, messieurs ! leur dit-il en anglais, et les officiers 495 se saluent militairement, puis se serrent la main avant de se séparer.

Alors les soldats soufflent leurs bougies, se serrent les mains, chaleureusement. On se tape même sur l'épaule. Puis les hommes

---

1. Voir la note 1, p. 27.
2. Voir la note 4, p. 60.

repartent vers leurs tranchées. Certains se retournent pour faire
500 un petit signe de la main à ceux qui s'en vont en sens opposé.

Beaucoup cherchent des yeux Anna dans son long manteau,
qui rejoint la ligne des sapins illuminés.

Dans la tranchée allemande, la soprano est acclamée par les
soldats. Jorg doit fendre les rangs pour permettre au couple de
505 se frayer un chemin.

Horstmayer s'avance au-devant d'Anna et s'adresse à elle :

— Étant juif, les Noëls, je n'y prête pas attention, évidemment !
Mais ce Noël-ci, je vais m'en souvenir, tant que je vivrai ! Vous
avez été admirable...

510 — Merci !

C'est le seul mot que trouve Anna, surprise par l'émotion du
lieutenant, qui enchaîne, cette fois en s'adressant à Nikolaus :

— Bon ! Comment ça se passe pour mademoiselle maintenant ?

— Justement, je venais vous voir pour vous demander s'il ne
515 serait pas possible que mademoiselle Sörensen couche dans
votre cagna cette nuit.

— Je parlais du retour de mademoiselle !

— Une voiture doit venir me chercher demain, répond-elle.

— ... Très bien... Pour ma cagna, ce n'est pas possible ! Je ne
520 suis pas seul... Depuis trois jours, j'ai un gros rat qui vient me
visiter chaque nuit. Je finirai par l'avoir mais pour l'instant...

— Vous avez raison, ce n'est pas possible, tranche Nikolaus.
Je vais trouver autre chose. Bonne nuit, mon lieutenant !

Le couple et le lieutenant se séparent tandis que Jorg, les bras
525 chargés de couvertures, s'approche d'Anna :

— Ne vous inquiétez pas ! Je vais vous trouver un bon endroit
pour dormir cette nuit !

Depuis leur tranchée, les guetteurs écossais regardent les
Allemands enlever les sapins de leur parapet.

530 La plupart des hommes se sont enroulés dans leurs couvertures, allongés dans le fond enneigé de leur tranchée ou adossés
à la terre gelée.

Palmer et Gordon marchent côte à côte au milieu des hommes qui cherchent le sommeil, grâce au schnaps allemand pour
535 beaucoup.

Le prêtre exprime sa curiosité :

— Qu'avez-vous inscrit dans votre rapport du soir pour l'état-major ?

— Eh bien, j'ai indiqué : « 24 décembre 1914 : aucune hostilité
540 à signaler côté allemand cette nuit. »

— Vous n'avez pas menti, mon lieutenant ! Ce soir, des hommes ont eu envie de se rassembler autour d'un simple calvaire comme on se rapproche d'un feu en plein hiver ! Même ceux qui ne croient pas sont venus se réchauffer en écoutant la
545 parole de Dieu pour oublier la guerre.

— Peut-être bien ! Mais la guerre, elle, ne nous a sûrement pas oubliés !

Dans sa cagna, Audebert s'est allongé sur son lit de fortune. Il regarde la photo retrouvée, rangée dans son calepin, à côté
550 du dessin du visage de Madeleine.

Il compare et sourit, satisfait de son travail. Mais son attention est attirée par la lumière d'une fusée tirée depuis les lignes allemandes et qui illumine l'entrée de la cagna...

Au même moment, Anna et Nikolaus, installés dans la grange
555 abandonnée de la ferme Delsaux, aperçoivent la fusée au travers de la charpente mise à nu par la guerre.

Ils sont allongés l'un contre l'autre, enroulés dans plusieurs couvertures. Nikolaus sourit en entendant Horstmayer s'énerver à présent au sujet de cette fusée intempestive.

560 Anna se tourne vers son amant et lui murmure : « Joyeux Noël ! »

Ils s'embrassent et se lovent l'un contre l'autre, tandis que, sur le no man's land, Jonathan s'est allongé près du corps de son frère. Une couverture recouvre les deux garçons.

X

Le jour se lève. Gunther, le guetteur allemand, est à l'affût et cherche à voir ce qui se passe devant la tranchée allemande. Un épais brouillard flotte sur les lieux.

Gunther tend l'oreille de nouveau : c'est clair, quelqu'un creuse à quelques mètres, sur le no man's land.

Inquiet, le guetteur appelle son ami Oskar qui dort au milieu des autres, enroulés dans des couvertures.

Oskar finit par ouvrir un œil. Il se lève péniblement, engourdi par le froid, et rejoint Gunther qui lui fait part de son angoisse :

— Quelqu'un creuse le sol devant nous !

Oskar écoute avec soin et donne son avis :

— Ils creusent une galerie ! Ces fumiers d'Écossais creusent une galerie pour la bourrer d'explosifs et nous la faire péter à la gueule !

— Non !... C'est pas ça ! renchérit Gunther.

— Puisque je te l'dis ! Mais toi, tu peux pas t'en rendre compte ! T'as trop fait copain avec ces types-là hier soir, alors évidemment...

— Oh ! Regarde !

En effet, la situation a changé à présent. Un petit vent s'est levé, dissipant légèrement la purée de pois qui occultait les lieux.

Jonathan s'efforce de creuser le sol gelé à proximité du corps de son frère. Il s'acharne avec sa petite pioche réglementaire tandis que Palmer, un chiffon blanc à la main, se dirige vers lui.

Gordon les rejoint à son tour, furieux :

— Qu'est-ce que vous foutez là, nom de Dieu ? La trêve est finie, les Allemands vont vous tirer dessus ! Retournez tout de suite dans la tranchée !

Jonathan obtempère[1] et Palmer lui emboîte le pas.

30   Horstmayer sort sur le no man's land.

Il arrête de la main Gunther et Oskar qui s'apprêtaient à sortir eux aussi et les fait redescendre dans la tranchée.

Gordon, mal à l'aise, voit s'approcher de lui son homologue allemand. Les deux officiers se saluent, machinalement. Et

35   Horstmayer l'interroge :

— Serait-il possible que, entre officiers, nous discutions des morts ?

Gordon reste médusé comme s'il ne comprenait pas le sens de la question...

40   Le soleil a gagné la bataille et le brouillard s'est maintenant dissipé. C'est une de ces matinées d'hiver froides et sèches, qui plaisent tant aux soldats car la boue ne les gêne plus.

Audebert a pris place sur le muret du chemin, au milieu du no man's land. Il appelle Ponchel et lui réclame son café. Celui-ci

45   jaillit de la tranchée française, une cafetière et des quarts à la main. Il file vers son lieutenant assis en face de Gordon et Horstmayer.

Ponchel est un peu mal à l'aise mais Audebert l'invite, d'un geste, à servir ses deux homologues.

50   Le ch'timi[2] verse son précieux café dans les quarts des officiers. Mais Ponchel, distrait, ne peut s'empêcher de regarder du côté de la ferme Delsaux qui se dresse comme elle peut, à quarante mètres de là. Il regarde le porche sous lequel il entrait à vélo il n'y a pas si longtemps encore. Les pigeons

55   qui en occupaient le grenier ont quitté les lieux depuis belle lurette[3], eux aussi.

Doucement Audebert rappelle à l'ordre son aide de camp, qui le sert enfin avant de repartir dans sa tranchée, à regret.

---

1. **Obtempère :** obéit.
2. **Ch'timi :** habitant originaire du nord de la France.
3. **Depuis belle lurette :** depuis très longtemps.

Seuls, les officiers entament leur nouvelle négociation et c'est
60 Horstmayer qui ouvre la discussion :

— Mes hommes vont ramener les corps de vos camarades
tombés la semaine dernière, pour que vous puissiez les enterrer.

— Et nous, nous vous ramènerons les restes de vos soldats
tués devant nos lignes fin novembre, répond Audebert.

65 — Ça me paraît bien ! Le jour de la Nativité[1]... enterrer les
morts... ça me paraît bien, oui, conclut Gordon.

Les trois hommes, satisfaits, boivent leur café fumant, comme
pour sceller ce qui vient d'être décidé. On entend le réveil sonner
dans la tranchée française. Gordon et Horstmayer regardent
70 aussitôt leur montre.

— Tiens ! J'avance..., constate l'Écossais.

Horstmayer pose alors la question qui le taraude depuis des
mois :

— Excusez-moi ! Mais... pourquoi faites-vous sonner un réveil
75 chaque matin à 10 heures ? C'est pour vos relèves ?

— Oh non ! C'est juste que mon aide de camp avait pour
habitude de prendre le café à 10 heures, chaque matin, avec sa
mère. Et comme il a peur d'oublier tout ça avec la guerre... On
s'y est habitués !

80 — Nous aussi..., commente sobrement Gordon en remettant
sa montre à l'heure.

Un joueur de cornemuse s'est installé au pied du calvaire. Il
joue une mélopée[2] pour tous ces hommes qui peuvent enfin
enterrer leurs camarades tombés il y a des semaines ou seule-
85 ment quelques jours.

L'organisation s'est faite naturellement entre les soldats,
tous uniformes confondus. Les tombes sont creusées derrière
le calvaire, tandis qu'une équipe de quatre hommes s'affaire à

---

1. **La Nativité :** la naissance de Jésus, à Noël.
2. **Mélopée :** chant lent et monotone.

fabriquer des croix en utilisant le bois des caisses de champagne,
90 whisky ou bière, apportées par chaque « camp ».

Dans le calme et en silence, les corps sont déshabillés afin de récupérer les uniformes encore en bon état. Les papiers d'identité et les plaques nominales sont donnés aux lieutenants chargés de dresser la liste macabre qui permettra d'informer
95 les familles endeuillées.

Palmer remarque l'inscription *Gott mit uns*[1], gravée sur chaque ceinturon allemand, mais il n'a pas le temps de s'attarder sur sa découverte car les premiers corps ont été couchés dans les fosses fraîches : on lui demande de dire en latin quelques versets
100 du psaume 23[2], avant que les pelletées de terre ne recouvrent les mains trop blanches ou les visages bleuis des cadavres.

Et devant des tombes aux inscriptions gothiques[3], gaéliques[4] ou romanes, Palmer délivre le même message, les mêmes vœux de repos, de paix et de sérénité. Le prêtre lit le prénom qu'on a
105 gravé dans le bois de ces croix de fortune. Il évite de s'attarder sur les dates de ces vies bien trop courtes.

Le soleil a disparu derrière d'épais nuages apportés par les vents de l'ouest qui ont toujours le dernier mot dans ces pays du Nord. Une bise[5] glace le no man's land mais Anna reste droite
110 dans son épais manteau, face aux tombes fraîches. Nikolaus la rejoint et constate qu'elle a pleuré. Elle lui parle sans le regarder :

— Dans quelques jours, en Allemagne comme ailleurs, des familles, des femmes vont recevoir la terrible nouvelle, celle à laquelle on ne veut pas penser mais qui ne vous quitte jamais...

---

1. *Gott mit uns* : « Dieu est avec nous », en allemand.
2. **Psaume 23** : chant de confiance en Dieu, encore dit « cantique de David », dans l'Ancien Testament et commençant par ces mots : « L'Éternel est mon berger ».
3. **Inscriptions gothiques** : inscriptions dont l'écriture (dite « gothique ») est à caractères droits, à angles et à crochets.
4. **Gaéliques** : en langue et écriture celtiques.
5. **Bise** : vent sec et froid.

115 Et plus rien ne sera comme avant pour ces gens... Toi aussi, un jour, on va t'allonger dans une de ces toiles pour te traîner jusqu'à un trou et...

La voix d'Anna se meurt. Elle ferme les yeux puis reprend en se tournant vers Nikolaus :

120 — Notre histoire va finir comme celle de tous ces gens si on ne fait rien. Il faut partir pendant qu'il en est encore temps. Avec le laissez-passer que j'ai, ce sera facile et, d'ici, on sera très vite en Hollande. Là-bas, c'est la paix, tout sera possible à nouveau pour nous...

125 — Mais, Anna, je ne peux pas !... C'est une désertion !

— Je ne te parle pas de déserter mais de rester en vie !... en vie ensemble !

— Je suis soldat ici ! J'ai des devoirs, des obligations comme tous les autres ! La Hollande ! Mais la frontière est loin, on serait

130 tout de suite pris, même avec ton laissez-passer, qu'est-ce que tu crois ?

— Il y a une autre solution : la frontière française est à cent mètres d'ici... Il suffirait de la franchir...

Nikolaus n'a pas le temps de réagir à l'incroyable proposition

135 que lui fait Anna car Jorg arrive vers eux et leur dit :

— J'ai fait du thé pour les camarades ! J'ai pensé que peut-être ça vous dirait d'en boire avec nous...

Nikolaus profite de cette invitation pour ramener Anna vers la tranchée allemande et, d'une certaine manière, à la raison.

140 Dans une des granges abandonnées de la ferme Delsaux, un petit groupe de soldats allemands s'est rassemblé autour d'un brasero[1] de fortune sur lequel une théière se tient au chaud.

Ils n'ont d'yeux que pour Anna qui se réchauffe en buvant du bout des lèvres son thé brûlant.

---

1. **Brasero :** bassin de métal, posé sur un trépied et rempli de charbons ardents.

145   Jorg brise le silence et s'adresse à la jeune femme en sortant
de sa poche un paquet :
— Tenez !... Ce sont des lettres que les camarades m'ont
demandé de vous donner. On n'a pas confiance dans le courrier
de l'armée et puisque vous allez rentrer à Berlin...
150   Anna prend ces lettres et les glisse dans une poche de son
manteau. Les soldats se regardent entre eux, satisfaits : leurs
familles sauront qu'ils sont encore en vie.
Sur le no man's land, des hommes se sont réunis et se tiennent
prêts pour assister à un événement qu'ils n'auraient jamais pu
155 imaginer il y a encore deux jours : une partie de football.
Deux casques à pointe[1] posés sur la neige matérialisent le
but allemand, tandis qu'une capote bleue et une veste verte
délimitent celui de l'équipe franco-écossaise.
On a posé le ballon venu des lignes britanniques au milieu de
160 ce terrain improvisé. Guillemont engage[2] avec un Écossais mais
l'avant-centre allemand s'est déjà emparé de la balle et trouve
sans difficulté un de ses camarades. Pas plus de trois touches
de balle et Palmer n'a plus qu'à aller chercher le ballon au fond
de ses buts, c'est-à-dire au pied des barbelés écossais.
165   Le prêtre a beau copieusement engueuler sa défense, chacun a compris que cette équipe allemande sera difficile à tenir.
Un nouvel engagement est opéré et une timide attaque des
Alliés cherche à porter le danger dans la défense allemande.
Mais Moralec, emporté par sa fougue, atterrit avec le ballon
170 dans un cratère d'obus où il disparaît complètement. Éclat
de rire général, qui redouble lorsque le Français réclame un
coup franc.
La machine allemande se remet en route et Palmer retourne
vers ses barbelés.

---

1. Des casques allemands.
2. **Engage :** engage la partie.

175 Sur le muret du chemin, Horstmayer ne cache pas sa joie devant cette éclatante domination territoriale. Audebert encourage de la voix ses « meilleurs éléments » mais le cœur n'y est pas. Quant à Gordon, il se contente de tirer sur sa pipe en regardant quelques-uns de ses hommes remettre tranquillement
180 du barbelé devant leur ligne.

Mi-temps. Tandis que les deux équipes changent de côté sur un score sans appel de 4-0, Horstmayer en profite pour s'adresser à Audebert :

— J'ai entendu hier soir... au sujet de votre femme... Il ne faut
185 pas que vous soyez inquiet. Nous traitons bien les populations dans les départements conquis, vous savez ! Si vous voulez, je peux faire passer du courrier pour elle.

— Pourquoi feriez-vous ça ?... Si vous vous faites prendre...

— Bah ! Ce n'est pas votre courrier qui nous empêchera de
190 gagner la guerre... Et puis... quand nous aurons pris Paris et que tout ça sera fini, eh bien, vous nous inviterez à boire un verre rue Vavin !

— Oh ! Faut pas vous sentir obligé d'envahir Paris pour prendre un verre chez moi, vous savez...
195 Horstmayer éclate de rire, Audebert lui sourit, pas mécontent de sa repartie[1].

Ponchel est assis avec Jorg et un soldat écossais. Il s'adresse à l'Allemand en faisant mine de tirer avec son fusil en l'air :

— Combien vous devez tirer de cartouches par jour, vous ?
200 Jorg désigne le chiffre huit avec ses doigts. Ponchel se tourne vers l'Écossais qui lui indique sept.

— Sept ? sept et huit !... Nous, cinq, précise-t-il tristement en montrant tous les doigts de sa main droite.

Jorg semble compatir à la faiblesse des moyens engagés par
205 l'armée française.

---

1. **Repartie :** réponse rapide.

Joyeux Noël

Jonathan s'est assis à l'écart, sur les marches du calvaire. Il s'applique à écrire une seconde lettre à sa mère :

« *Hier, William a réussi à dégommer deux Boches qui nous narguaient depuis des heures. À ce rythme il aura le meilleur tableau de chasse de la section. Tous les copains voudraient bien manger de ton gâteau mais William et moi, on veille !*

« *On t'embrasse tous les deux très fort.* »

XI

Horstmayer marche à grands pas dans la tranchée allemande. Il se dirige vers une table de fortune sur laquelle on a disposé le repas du jour : du riz collant et de la viande trop cuite et froide à présent. Il remplit sa gamelle tout en s'adressant à Nikolaus 5 qui marchait derrière lui, suivi d'Anna.

— Vous êtes encore là ? Je croyais qu'une voiture devait passer vous prendre ?

— Nous sommes allés au point de rendez-vous mais la voiture n'était pas là. Une grosse fête a dû avoir lieu hier soir au QG et 10 ça doit traîner un peu ce matin !

Horstmayer s'approche de Nikolaus et Anna. Il cherche à disloquer avec sa fourchette le riz gluant figé dans sa gamelle. Il poursuit calmement :

— Il y a cinq minutes le QG, justement, a téléphoné ici... 15 Pour me signaler votre disparition, Sprink ! Ils vous considèrent comme déserteur ! Alors je leur ai dit que vous étiez ici, avec Madame... et que vous étiez venu juste pour chanter devant vos camarades, le réveillon de Noël ! Ça leur a plu, ça !... Beaucoup même !... Ce qui fait qu'ils m'ont demandé de vous garder au 20 chaud, le temps pour eux d'envoyer quelqu'un au plus vite, pour permettre à Madame de rentrer sur Berlin et vous de passer quelque temps au trou... Deux semaines ! C'est le tarif pour insubordination face à l'ennemi.

— Insubordination face à l'ennemi ! reprend Nikolaus avec 25 une pointe d'ironie.

Il hausse les épaules.

— À propos, demain, vous allez faire quoi face à l'ennemi ? Jouer la revanche du match de foot de ce matin, prendre l'apéritif

vers 11 heures avec les officiers d'en face ou les tirer comme
30 des lapins lorsqu'ils viendront vers vous avec du champagne ?

Le silence se fait parmi les soldats qui mangent autour d'eux. Horstmayer perçoit le malaise, mais ne dit mot. Nikolaus enfonce le clou.

— Tout ça est complètement absurde maintenant. Mourir
35 demain sera encore plus inutile qu'hier !

— La ferme, Sprink ! lâche Horstmayer, avec fermeté mais sans colère, pour clore le débat.

La nuit est tombée à présent et la lune jette sa lumière laiteuse sur le manteau neigeux du no man's land labouré par les allées
40 et venues des soldats.

Le chat roux est assis entre les tranchées allemande et française. Sans bouger, il écoute un soldat l'appeler « Nestor ! », pendant qu'un autre en face tente de l'attirer en appelant à voix basse « Félix ! ».

45 L'animal a fait son choix : il file côté Nestor, au grand dam[1] du soldat allemand qui insulte l'animal. Le soldat français savoure sa « victoire prénominale ». Il ne sait pas que le chat a simplement flairé des restes de saucisse de Toulouse, son péché mignon.

Un nouveau jour s'est levé sur ce secteur du front de l'Artois.
50 Les soldats français se sont réveillés tendus, leurs fusils pointés tous dans une même direction. Audebert, suivi de Ponchel, arrive et fait baisser les canons dirigés vers Horstmayer, debout devant les barbelés français. Audebert s'adresse durement à son homologue allemand :

55 — Qu'est-ce que vous faites là ? On avait dit chacun chez soi à présent ! Vous avez de la chance que mes hommes ne vous aient pas abattu...

— Je sais ! Je sais ! répond, un peu penaud[2], Horstmayer. Il hésite à poursuivre puis se lance :

---

1. **Au grand dam de :** au grand désespoir de.
2. **Penaud :** embarrassé, confus.

60   — Notre artillerie va vous bombarder dans dix minutes. Je vous propose de venir vous mettre à l'abri, dans ma tranchée.

Les soldats français se regardent, comme pour s'assurer qu'ils ont tous bien entendu la même chose. Puis les regards se tournent vers Audebert...

65   Les trois officiers se saluent devant les tranchées française et écossaise, et Horstmayer invite du geste ses deux « collègues » à le suivre vers sa tranchée.

Alors les hommes sortent à leur tour des tranchées, sans hâte, sans excitation particulière. Ils marchent d'un pas tran-
70 quille vers la tranchée ennemie qui va sauver leur vie. Ils ne se parlent pas entre eux. Aucun commentaire n'est fait sur l'acte qu'ils commettent. On entend juste les centaines de bottes qui crissent sur la neige gelée. Le simple désir de continuer à vivre unit tous ces hommes.

75   Horstmayer regarde à la dérobée tous ces gens qu'il est venu chercher. Il vit cet instant avec un certain malaise. Il cherche ses mots puis dit aux deux autres lieutenants :

— Si vous aviez été relevés, je ne serais rien venu dire à vos successeurs !

80   — De toute façon, répond Audebert pour évacuer la gêne qu'il ressent lui aussi, ils vous auraient abattu avant que vous n'ayez fait un pas sur le no man's land !

— Normal ! conclut Gordon, pipe au vent.

Bien malin qui peut deviner ce que l'officier de carrière ressent
85 en ces circonstances.

Les lieutenants atteignent la tranchée allemande. Nikolaus, qui se tient debout derrière le parapet, voit venir à lui tous ces soldats. Horstmayer croise le regard de Nikolaus :

— La ferme, Sprink ! se sent-il obligé de dire.

90   Tous les hommes sont debout dans la tranchée, bondée à présent. L'artillerie allemande a entamé son travail, avec plus ou moins de précision. Car les premiers obus tombent à proximité des lignes germaniques. De grands cônes de terre et de neige

mêlés jaillissent haut dans le ciel avant de retomber sur les
95 hommes massés les uns contre les autres.

Nikolaus cherche à protéger avec son corps Anna totalement
terrorisée par cet enfer venu du ciel.

Peu à peu, les artilleurs trouvent leurs marques et les tirs
s'allongent pour atteindre les lignes françaises et écossaises.
100 Sous l'explosion, des poutres, des planches et des tôles sont
projetées en l'air.

Un soldat allemand, planqué derrière une guérite d'observation, laisse éclater sa joie devant l'efficacité de son artillerie :

— En plein dans le mille !
105 Mais il croise le regard de Gueusselin, blotti à ses côtés :

— Je suis désolé, ajoute-t-il, penaud.

— Fait chier ! Va falloir tout refaire encore un coup ! se lamente
le soldat français.

Les trois officiers ont trouvé refuge sous une tôle qui recouvre
110 une partie d'un boyau. Audebert sort une lettre de sa capote et
la tend à Horstmayer :

— Excusez-moi !... Voilà ! C'est au sujet du courrier... pour
ma femme... vous m'aviez dit que...

Horstmayer prend la lettre et la range dans une poche, sans
115 rien dire. À cet instant, un dernier obus éclate et chacun sent,
par expérience, que le tir est terminé. Tous regardent le ciel,
vide et silencieux maintenant.

— Voilà, conclut Horstmayer. Notre bombardement est fini...
Il est temps pour vous de rentrer chez vous ! Je vous souhaite...
120 une bonne fin de guerre !

— Je ne crois pas que cela soit terminé pour aujourd'hui,
lance Gordon, d'une voix calme. Ça m'étonnerait que notre
artillerie et celle des Français ne répondent pas à la vôtre, vous
savez ! Normal !

125 Calmement, tous les soldats quittent la tranchée allemande
pour se rendre dans celles des Français et des Écossais, qui
fument et brûlent encore par endroits. Le no man's land est troué

de cratères noirs. La neige semble avoir comme renoncé aux lieux à présent. Les hommes marchent en évitant les cratères
130 encore fumants. Certains remarquent le sapin que Nikolaus avait posé au milieu du no man's land, le soir de Noël. Il est couché sur le sol, partiellement recouvert de terre.

Les hommes se tiennent debout ou assis, du mieux qu'ils peuvent dans ces tranchées chamboulées[1]. L'artillerie alliée a
135 commencé sa réponse du berger à la bergère. Et, comme celle d'en face, elle met un certain temps à trouver la bonne distance.

Les premières explosions éclaboussent de terre les hommes qui se serrent dans les tranchées. Ils sont blottis, le dos rond, la tête dans les épaules, attendant que les obus améliorent leurs
140 trajectoires, laissant ainsi à l'endroit où ils se trouvent réunis un peu de répit.

La réponse des artilleries alliées est aussi nerveuse que brève, finalement. Chacun a entendu le dernier obus passer au-dessus des têtes ; il est allé pilonner la ligne allemande, là-bas.

145 Les hommes se redressent et s'époussettent en silence. On sort les paquets de cigarettes, on donne du feu à celui d'en face.

— Cette fois-ci, je crois qu'on va en rester là, dit Horstmayer en se tournant vers Audebert. Réprimant mal son émotion, il poursuit :

150 — J'ai été heureux de vous connaître, vous savez ! Peut-être, en d'autres circonstances, on aurait pu...

— Peut-être, on aurait pu... Mais peut-être aussi viendrez-vous boire un verre rue Vavin... en touriste !

— Ce serait... chouette ?... c'est comme ça qu'on dit, non ?

155 — Pas mal ! Vous connaissez mieux le français que moi l'allemand !

— Oh ! Je n'ai pas de mérite... Votre femme n'est pas allemande ! Allez ! Bonne chance !

— Toi aussi, lâche Audebert, très ému.

---

1. **Chamboulées :** bouleversées.

160   Il aimerait retenir Horstmayer, qui lui tend la main. Il n'y a plus de salut militaire entre ces deux-là, simplement une poignée de main entre deux hommes qui auraient aimé cultiver l'amitié, en d'autres circonstances, oui.

Horstmayer sort de la tranchée française et effectue un simple 165   signe de la main pour inviter ses hommes à faire de même.

Les soldats se séparent. Tous sont conscients qu'il n'y aura pas de prochaine fois. Un moment s'achève.

Horstmayer s'avance vers Gordon, debout devant sa tranchée avec ses hommes.

170   Les deux officiers se serrent la main également, se souhaitent à nouveau bonne chance pour la suite. Gordon fait un signe de tête et les cornemuses attaquent « Ce n'est qu'un au revoir ».

Horstmayer sourit puis retourne parmi ses hommes, vers sa tranchée qui fume en divers endroits. Derrière la première ligne 175   allemande, la ferme Delsaux brûle de-ci de-là. La plupart de ses murs ont été éventrés, il ne reste plus de toiture à présent.

— Jorg ! appelle à voix basse Nikolaus.

Et le fidèle assistant du ténor s'immobilise au moment où il franchit le parapet de la tranchée française. Il voit Nikolaus et 180   Anna qui se tiennent en contrebas. Le ténor fait un petit signe discret de la main et Jorg comprend qu'il ne reverra plus ce couple de chanteurs exceptionnels qu'il écoutait chaque soir, dans les coulisses des salles d'opéra de toute l'Europe. Il lit dans leurs yeux leur formidable désir de rester ensemble. Il 185   sourit avec émotion puis part sans se retourner. Simplement, il marche un peu moins vite que les autres vers la tranchée allemande.

Gueusselin vient se planter devant Audebert. Il attend que le dernier soldat allemand soit parti pour sortir un calepin de 190   sa poche et le donner au lieutenant :

— J'en ai profité, tout à l'heure, quand on était chez eux, pour repérer leurs mitrailleuses. Je crois que j'ai rien oublié !

Audebert prend le calepin sans y jeter un œil. Il le glisse dans sa capote, sans un mot pour Gueusselin. Il attend juste
195 qu'il s'en aille.

Horstmayer, dressé sur le parapet de sa tranchée, adresse un salut militaire au moment où les cornemuses jouent leurs dernières notes. Puis il disparaît dans sa tranchée dévastée.

Audebert, dans sa cagna, observe les dégâts du bombarde-
200 ment. Cette fois-ci, les poutres de soutènement[1] ont souffert. Il voit entrer dans son abri le couple de chanteurs allemands.

— Mais qu'est-ce que vous faites là ? Ils sont tous repartis...

— Nous sommes venus nous constituer prisonniers, explique Nikolaus.

205 — Prisonniers ?... Mais ce n'est pas possible ! Comment je vais expliquer votre présence dans nos lignes à mes supérieurs ? Non ! Je ne peux pas faire ça ! Faut que vous rentriez chez vous à présent. La parenthèse est refermée.

Anna s'approche tout près de lui :

210 — Si nous repartons côté allemand, ils vont nous séparer... à tout jamais... Mettez-nous dans n'importe laquelle de vos prisons mais laissez-nous vivre ensemble, je vous en supplie !...

Audebert regarde cette femme qui le dévisage, désemparée.

Le lieutenant français sort de sa cagna, suivi d'Anna et
215 Nikolaus. Il tombe sur Couturier qui déblaye les débris de poutres calcinées :

— Couturier ! Emmenez-moi ces deux-là à l'arrière.

Couturier interloqué regarde tour à tour le couple et l'officier. Audebert s'énerve un peu :

220 — Ben quoi ? Ce sont des prisonniers ! Alors vous me les enfermez dans la classe d'école et moi j'irai dormir ailleurs. Et puis vous restez au village, parce que nous rentrons ce soir, de toute façon.

---

1. **Poutres de soutènement** : poutres qui épaulent, « soutiennent » le remblai d'une tranchée.

Audebert tourne les talons mais Nikolaus le retient par le bras :
225 — Mon lieutenant !

Il sort le courrier que Jorg avait donné à Anna.

— Pouvez-vous remettre ces lettres à la Croix-Rouge ? C'est important !

Audebert prend le paquet ficelé et le glisse dans une poche
230 de sa capote. Couturier fait un geste de la tête et le couple passe devant lui.

Juste avant de franchir le seuil de sa cagna, le lieutenant appelle Ponchel, d'une voix forte. Sans réponse.

Il interpelle Moralec, tout occupé à remettre en état la
235 tranchée :

— Il est où Ponchel ? Ça fait une heure que je l'appelle !

— Il a dit qu'il allait à la becquetance[1], mon lieutenant !

Dans le boyau qui mène à l'arrière, Anna marche devant Nikolaus suivi de Couturier. Elle sourit, puis pose ses mains
240 sur la tête. Nikolaus l'imite, avec le même sourire sur le visage. Couturier se décide alors à pointer son fusil vers ceux qui marchent devant lui, comme il est d'usage pour les prisonniers qu'on a arrêtés.

---

1. **Becquetance :** « nourriture » (en argot) ; aller à la becquetance : « manger » (en argot).

XII

Un soldat déverse sur une longue table le contenu d'un sac en toile de jute. Des centaines d'enveloppes cachetées s'étalent devant les militaires réunis.

Méthodiquement, ils prennent les enveloppes, les ouvrent
5 avec leurs coupe-papiers et lisent. Ils opèrent un tri, entre les lettres banales et les autres. Ces dernières comportent des passages qui vont être lus et relus par la hiérarchie militaire :

   « S'ils croient qu'en nous envoyant du champagne et de la dinde aux marrons, ils vont me faire changer d'avis ! »
10 peut-on lire, ou encore celle-ci : *« Vraiment ils ne sont pas aussi terribles qu'on a bien voulu nous le dire ! J'ai dans ma poche l'adresse d'un Bavarois qui m'a invité à venir le voir quand tout sera fini... »*

   D'autres lettres : *« Jamais je n'oublierai la voix de cette*
15 *femme dans la nuit ! » « Moi, je suis resté dans ma tranchée, tranquille ! Boire un coup avec ces bâtards ? Plutôt crever ! »* *« Poincaré*[1]*, il n'a qu'à y venir, ici, récupérer sa Lorraine*[2]*. Pour ce que j'en ai à foutre ! » « On a eu beau faire, ils nous en ont mis 6 sans qu'on ait le temps de dire ouf ! Ils nous ont avoué*
20 *après que la plupart jouaient ensemble dans un club de foot à Munich, qu'ils appellent le Bayern. »*

---

1. **Raymond Poincaré (1860-1934) :** président de la République française de 1913 à 1920.
2. **Lorraine :** province placée sous autorité allemande à la suite de la défaite française de 1870.

Joyeux Noël

« Le type chez les Écossais qui prend des photos nous a promis
de nous les montrer à la nouvelle année. Ce sera l'occasion de
se retrouver avec les Boches pour boire des coups à la santé de
25 *tous ceux qui, bien au chaud, nous ont envoyés ici pour qu'on*
se tape dessus ! »

Poincaré relit une nouvelle fois la dernière lettre puis quitte
son bureau pour aller contempler le jardin de l'Élysée. L'hiver
a engourdi la végétation et la neige n'a pas résisté à la pluie
30 tombée ce matin.

Mais le vieux Président ne goûte pas ces considérations
climatiques. Il est atterré. Comment a-t-on pu en arriver là ?
Toutes ces années de préparation au combat, dans les écoles,
dans les journaux, dans les théâtres et les chansons, tout ce
35 travail réduit à néant par quelques sapins, une chanson et deux
ou trois cornemuses ?

Que se passe-t-il ? Jaurès[1] liquidé, ses idées continueraient-
elles de pourrir le travail engagé ? L'Internationale socialiste[2]
aurait-elle converti le front ?

40 Il s'éloigne de la haute fenêtre comme s'il y avait vu une image
d'épouvante et retourne à son bureau. Réagir. Ne pas laisser la
situation en l'état. Réveiller nos braves soldats perdus l'espace
d'une nuit de Noël. Les remettre à l'ouvrage et puis, surtout, ne
rien laisser savoir de ce désastre. Car perdre l'opinion publique,
45 c'est perdre la guerre. Personne ne saura donc.

À Londres, le même jour en début de soirée, on apporte au
roi George V une lettre écrite par le général britannique en

---

1. **Jean Jaurès (1859-1914)** : député socialiste, philosophe, historien,
fondateur du journal *L'Humanité*. Hostile à la guerre, il fut assassiné le
31 juillet 1914.
2. Il s'agit de la IIe Internationale socialiste (1889-1923), regroupant les
mouvements socialistes d'Europe et à laquelle appartenait Jaurès.

charge des armées de Sa Majesté engagées en France. Dès les premiers mots parcourus, le roi s'est isolé pour la lire :

50   « *Majesté,*

   « *Je me suis battu pour vous sur bien des continents et des océans. Je me suis toujours efforcé de me montrer digne de la confiance que vous vouliez bien me témoigner.*

   « *Mais, en ce matin du 27 décembre 1914, je me demande si* 55 *je suis encore capable d'assumer les fonctions que vous m'avez confiées. On m'a apporté des lettres de nos soldats que j'ai lues avec un étrange pressentiment. J'avais en effet constaté, en entrant dans le bureau, que le chat dormait dans les pattes du chien, au pied du feu de la cheminée. Sinistre présage !* »

60   Le vieux général fait un état des lieux précis et non exhaustif des « actes » commis par les soldats britanniques en plusieurs endroits du front. Il en tire les conclusions suivantes :

   « *Le* fighting spirit[1] *semble s'être dissous dans la boue des Flandres et de l'Artois. Mes hommes, terrés comme des taupes* 65 *depuis plusieurs mois, sont sortis le soir de Noël comme ces papillons de nuit qui filent vers la première lueur capable de déchirer les ténèbres.*

   « *Je ne les comprends plus. Je ne me sens plus en phase avec le combat à mener et ceux qui doivent le livrer. Peut-être dois-je* 70 *en déduire que j'appartiens aux guerres du siècle précédent. J'ai cru, en août dernier, pouvoir conduire mes hommes lorsqu'ils couraient ou chevauchaient au soleil, dans ces grandes plaines du Nord. Mais nous avons dû renoncer à ces horizons sans doute trop grands, pour observer le champ de bataille depuis* 75 *nos étroites et misérables guérites[2] de bois semi-enterrées.*

---

1. **Fighting spirit** : « esprit de combat », en anglais.
2. **Guérite** : abri où une sentinelle se réfugie.

Joyeux Noël

 « *Le royaume dont vous avez la charge est condamné à gagner cette guerre pour maintenir sa suprématie sur le monde. Cette guerre nouvelle exige sans doute des hommes nouveaux.*

 « *C'est la raison pour laquelle j'ai le devoir de vous présenter*
80 *ma démission.* »

 Le roi ne lit pas la formule de politesse d'usage qui termine la lettre. Il regarde un tableau illustrant la victoire de Nelson[1] sur la flotte française à Trafalgar. Aujourd'hui, il ne ressent plus la force, la puissance que dégage cette œuvre monumentale.

     *

85 Le Kaiser[2] raccroche le téléphone qu'il s'est fait apporter. Il est à Valenciennes où il a passé Noël avec une partie de son état-major. Au rez-de-chaussée, la fête bat encore son plein mais l'empereur n'entend pas les chants, ni les éclats de voix, ni les rires. Il se remémore la conversation qu'il vient d'avoir avec
90 son fils, le Kronprinz. Il regrette de s'être laissé aller à boire ce soir car il va falloir prendre des décisions rapidement. Il n'en est pas capable à l'instant présent. Il s'en veut d'avoir envoyé tous ces sapins sur le front. Lui qui avait souhaité que ses hommes, contraints de passer ce seul Noël de la guerre hors de chez eux,
95 puissent le faire de la manière la plus « germanique » possible. Il se sent terriblement trahi ce soir. La colère, attisée par l'alcool, l'a envahi. Il attend qu'elle le quitte avant d'agir, assis dans cette chambre bourgeoise, dans cette demeure abandonnée depuis septembre dernier.

---

1. **Horatio Nelson (1758-1805)** : amiral anglais, victorieux de la flotte franco-espagnole à Trafalgar, où il mourut durant la bataille (21 octobre 1805).
2. **Le Kaiser :** l'empereur Guillaume II.

XIII

Un médecin tente de faire boire un blessé au visage livide. Le réflexe de déglutition[1] est le dernier qui disparaît à l'approche de la mort. Mais l'eau s'écoule à la commissure des lèvres du malheureux. Le médecin repose doucement le corps sans vie
5 sur la paille. À ses côtés, Palmer donne les derniers sacrements[2] à ce garçon qui n'aura pas connu sa vingtième année.

Nous sommes dans une église française, transformée en hôpital de fortune. Les bancs et les chaises ont laissé place à des paillasses sur lesquelles on a allongé les corps qui luttent
10 pour retenir la vie. Une haute palissade en bois masque le chœur[3] de l'église.

La grande porte du fond s'ouvre. Une pluie battante tombe sur le parapluie ample que tient un homme âgé. Celui-ci pénètre dans l'église et marche droit vers Palmer. Le prêtre reconnaît le
15 visiteur et, à genoux, baise l'anneau qu'il porte au doigt : c'est un évêque[4]. Palmer se redresse et écoute les premiers mots prononcés par son supérieur :

— Vous allez rentrer en Écosse, dans votre paroisse. Je vous ai apporté l'ordre de rapatriement.
20 — Monseigneur ! Ma place est ici parmi ceux qui souffrent et qui doutent de Dieu. Je me dois de les réconforter.

---

1. **Déglutition :** action d'avaler.
2. **Derniers sacrements :** le sacrement de l'extrême onction, dans la tradition catholique, donné aux malades et aux agonisants.
3. **Chœur :** partie de l'église devant le maître-autel.
4. **Évêque :** dignitaire catholique à la tête d'un diocèse.

— Je suis déçu, vous savez. Je m'étais moi-même porté garant auprès des autorités militaires lorsque vous avez demandé à accompagner les recrues[1] de votre paroisse... Quand on m'a
25 dit... J'ai prié pour vous.

— Je crois profondément que le Seigneur m'a permis de célébrer la messe la plus importante de toute ma vie ! Je me suis efforcé de rester digne de Sa confiance en portant Son message à tous ceux, quels qu'ils soient, qui ont bien voulu L'écouter.
30 — Ceux de nos hommes qui ont bien voulu vous écouter le soir de Noël vont bientôt le regretter amèrement. Leur régiment sera dissous dans quelques jours, sur ordre de Sa Majesté le roi. Qui sait où ces pauvres gars seront dispersés sur le front, doré-navant ? Mais, surtout, que penseront leurs familles de tout ça ?
35 Une voix, venue de derrière la palissade en bois, appelle l'évêque. Ce dernier poursuit :

— On m'attend. Je vais dire une homélie[2] pour ceux qui vont remplacer les soldats qui se sont... égarés avec vous !... Que Dieu vous aide à revenir sur le chemin que nous devons tous suivre.
40 — Est-ce vraiment le chemin du Seigneur ?

Un temps. Puis la réponse vient :

— Je crois que vous ne vous posez pas la bonne question. Interrogez-vous plutôt sur votre aptitude à rester parmi nous, au sein de la maison du Seigneur...
45 L'évêque adresse un regard intense mais sans haine à Palmer et se dirige vers la palissade en bois derrière laquelle se tiennent des dizaines de jeunes hommes aux uniformes neufs.

L'évêque prend place derrière l'autel, sous la croix du Christ, et ouvre la Bible :
50 « Le Christ a dit : "N'allez pas croire que je sois venu apporter la paix sur terre. Je ne suis pas venu apporter la paix mais le

---

1. **Recrue :** jeune soldat qui vient d'être recruté, conscrit.
2. **Homélie :** sermon, prêche.

glaive." Évangile selon saint Matthieu[1]. » L'évêque et l'assistance
se signent du pouce le front, la bouche et le cœur. L'homélie
continue :

55   « Eh bien, mes frères, le glaive du Seigneur est entre vos mains.
Vous allez être les défenseurs de la civilisation tout entière. Les
forces du bien contre celles du mal. Car cette guerre est une
véritable croisade, une guerre sainte entreprise pour sauver la
liberté du monde. En vérité, je vous le dis, le peuple allemand
60 n'agit pas, ne pense pas comme nous car il ne fait pas partie
des enfants du Seigneur, comme nous. »

    Silencieusement, Palmer refait un pansement à un homme
étendu, mais son visage trahit un profond trouble à l'écoute du
discours de l'évêque, qui poursuit :

65   « Croyez-vous que ceux qui écrasent sous leurs canons des
villes peuplées uniquement de civils soient des enfants de Dieu ?
Croyez-vous que ceux qui s'avancent armés en s'abritant derrière
des femmes et des enfants soient des fils de Dieu ? Croyez-vous
enfin que ceux qui crucifient des bébés le jour de Noël soient
70 des fils de Dieu ? »

    L'émotion est à son comble dans les rangs serrés des nouvelles
recrues.

    Palmer est assis, le dos contre l'un des piliers de la nef.
Il écoute. La tristesse et la colère le tourmentent. L'évêque
75 enchaîne :

    « Avec l'aide de Dieu vous allez tuer les Allemands, les mé-
chants comme les bons, les jeunes comme les anciens. Les tuer
tous, une bonne fois pour toutes afin de ne plus avoir à le faire.
Le Seigneur soit avec vous.

80   — Et avec votre Esprit, répondent les jeunes hommes, le
visage dur.

    — Que Dieu tout-puissant vous bénisse, le Père, le Fils et le
Saint-Esprit.

---

1. Évangile selon saint Matthieu, X, 34.

— Amen. »

85   La petite croix de Palmer se balance à un clou fiché dans le
pilier où s'appuyait il y a un instant encore le prêtre. Celui-ci
ouvre la grande porte du fond et sort.

XIV

Le commandant britannique « bizuté » par Palmer dans les latrines[1] inspecte les hommes de Gordon, au garde-à-vous, dans la tranchée écossaise. Puis il se hisse sur la banquette de tir pour observer le no man's land. Soudain il crie :

5   — Tous à vos postes ! Immédiatement !

Les hommes regardent Gordon qui répète le même ordre, avec un peu moins de ferveur. Alors les soldats prennent position sur la banquette de tir.

De là, ils aperçoivent un soldat allemand qui cherche à quitter
10 sa tranchée, en se dépêtrant de ses camarades qui font tout pour le retenir. Mais le soldat réussit à franchir le parapet et marche sur le no man's land à quatre-vingts mètres environ de la tranchée écossaise.

    — Qu'est-ce que vous attendez pour me descendre ce Boche ?
15 hurle le commandant. Mais feu, nom de Dieu ! C'est fini les vacances !

Les soldats se regardent, perdus, puis, tous ensemble, tirent une balle vers le ciel.

La puissante déflagration cloue sur place l'Allemand. Il se
20 met à courir.

    — Qu'est-ce que vous foutez ? Descendez-moi ce type ! Feu !

Un coup de feu, le soldat allemand s'écroule, sur le chemin qui mène à la ferme Delsaux.

Tous les visages se tournent vers Jonathan qui actionne la
25 culasse de son fusil pour réapprovisionner son fusil.

---

1. **Latrines :** lieux d'aisances sommaires (toilettes, « chiottes »).

Le commandant redescend dans la tranchée, imité par tous les soldats. Il se plante devant Gordon et lui dit, d'une voix sourde :

— Honte ! Honte à vous !

Mais un bruit insolite provenant du no man's land se fait
30 entendre. Tous tendent l'oreille. Le commandant est le seul à ne pas reconnaître le réveil de Ponchel.

Audebert jaillit de sa tranchée et court vers l'homme étendu sur le chemin. La sonnerie du réveil meurt dans la capote allemande que porte Ponchel. Audebert s'agenouille et prend son
35 aide de camp dans les bras. Ponchel murmure, un vague sourire aux lèvres :

— Ch'est quand même con d'mourir déguisé en Allemand, hein, min yeutenant ?

— Mais qu'est-ce que tu as foutu, nom de Dieu ? bredouille
40 en larmes Audebert.

— Je m'suis fait aider par un Allemand...

Son visage s'illumine.

— J'ai vu ma mère !... On a bu un tcho café... comme avant !

Audebert est bouleversé. Ponchel lui fait signe de s'approcher
45 et d'une voix plus faible, il lui dit :

— Vous avez un fils. I' s'appelle Henri...

Effondré, Audebert prend dans ses bras Ponchel qui n'est déjà plus. Il le serre comme s'il le berçait, en proie à un immense chagrin. Puis il repose délicatement le corps sur le sol. Le lieu-
50 tenant se redresse et regarde les soldats écossais qui, depuis leur ligne, l'observent en silence.

Le commandant, ne comprenant rien à ce qui se passe, se tourne vers Gordon. Mais celui-ci n'a pas un regard pour son supérieur.

XV

Tandis que les hommes vont et viennent autour des grands feux dressés dans la cour, Audebert pose sur une petite table de bois le réveil de Ponchel troué par une balle allemande. Il allume une petite lampe à acétylène[1] dont la lumière blanche
5 suffit à éclairer une partie de ce grenier où il est installé pour la nuit. Surpris, il constate la présence du général, venu le voir le soir de l'assaut infructueux contre les Allemands.

L'officier s'approche du lieutenant, le verbe haut :

— Comment as-tu pu te laisser embarquer dans une telle...

10 — Si vous êtes venu me faire la leçon, vous pouvez repartir tout de suite !

— Mais bon sang ! Est-ce que tu te rends compte que c'est très grave ce qui s'est passé ! Ça s'appelle : haute trahison ! Peine de mort... ! Mais on ne peut pas fusiller deux cents hommes... On
15 ne peut pas ! C'est ce qui vous sauve, sache-le... Sans compter tous les autres cas de fraternisation un peu partout qui nous ont été rapportés depuis... Si l'opinion publique apprend ça...

— Ne vous inquiétez pas ! Aucun de nous n'ira le raconter !

— Je l'espère !... En tout cas, j'imagine !

20 — Quoi « vous imaginez » ?... Les gars qui ont vécu ça, ils n'en ont pas honte, si c'est ce que vous croyez ! Ils n'en parleront pas parce que personne ne les croira ni, encore moins, ne les comprendra ! C'est tout !

— Moi, je ne te comprends pas ! Participer à des actes pareils
25 avec l'ennemi... alors qu'une partie du pays est durement occupée, vraiment je...

---

1. Voir la note 1, p. 82.

— Le pays !... Mais qu'est-ce qu'il sait, le pays, de ce qu'on souffre ici, de ce qu'on fait sans rechigner, hein ? Je vais vous dire moi : je me suis senti plus proche des Allemands que de
30 tous ceux qui crient « Mort aux Boches ! », bien au chaud, chez eux, devant leurs dindes aux marrons[1] !

Le général encaisse cette terrible phrase. Il reprend posément :

— Tu dis n'importe quoi !

— On ne peut pas se comprendre ! Vous ne vivez pas la même
35 guerre que moi. Ceux d'en face, eux, oui !

Le général regagne le fauteuil défoncé sur lequel il a posé ses gants de cuir. Il prononce la sentence :

— Toi et tes hommes allez rejoindre le secteur de Verdun. Tu as raison sur un point : je ne comprends pas cette guerre... Mon
40 arme à moi, c'était la cavalerie ! Tu aurais dû y faire carrière, comme je te l'avais dit ! Aujourd'hui on me demande de faire une guerre où la pelle est plus importante que le fusil ! Et je me retrouve avec des gens qui échangent leurs adresses avec l'ennemi pour se revoir quand tout sera fini... Sans compter
45 ce chat roux qu'on a trouvé dans ton secteur avec un mot des Allemands accroché à son collier : « Bonne chance, camarades ! »

Il hausse les épaules.

— On m'a donné l'ordre d'enfermer le chat pour entente avec l'ennemi, haute trahison... jusqu'à nouvel ordre !
50 Le général se dirige vers la sortie, le dos voûté.

— Tu es grand-père, papa, lâche Audebert.

Le général se fige. Il revient vers son fils.

Le jeune lieutenant est très ému :

— Il s'appelle Henri !
55 — Qu'est-ce que tu racontes ? interroge le général, d'une voix différente. Comment sais-tu ça, toi ?

— Tu ne comprendrais pas !

---

1. Plat traditionnel pour le repas de Noël.

Chapitre XV

À son tour, le général est gagné par l'émotion. Il n'y résiste pas vraiment :

60 — ... Henri ?... C'est pas mal... Henri Audebert !... Tâchons de survivre à cette guerre... pour lui !

Le général et son fils se font face, proches.

Le désir de se prendre dans les bras l'un l'autre est palpable. Mais aucun ne bouge. Juste avant de partir, du bout de son
65 chapeau noir, le père adresse une sorte de tape amicale sur le bras d'Audebert.

XVI

Horstmayer est assis parmi ses hommes à même le plancher d'un train de marchandises réquisitionné. On entend la vapeur s'échapper par bouffées de la locomotive à l'arrêt.

La porte du wagon s'ouvre brusquement et la lumière blanche du jour fait ciller les yeux des hommes maintenus depuis un moment dans la pénombre. Le Kronprinz en personne apparaît. Ils se redressent tous et se tiennent au garde-à-vous.

Le fils de l'empereur dévisage tous ces hommes, un à un. Puis il dit :

— Asseyez-vous !

Et tous s'exécutent. Ils redoutent les mots qui vont venir à présent :

— Dans deux jours, vous allez prendre part à une offensive en Poméranie[1] contre l'armée russe. J'espère que vous saurez faire preuve à nouveau de combativité contre les ennemis de l'Empire... Ce train traversera notre mère patrie, mais il ne vous sera pas possible de voir vos familles... Vous savez pourquoi !

Le Kronprinz regarde l'impact de cette dernière précision sur ces hommes aux visages fatigués. Puis il enchaîne, comme pour se rassurer : « Vive l'empereur Guillaume ! »

Et la réponse des hommes arrive, mécanique : « Vive l'empereur Guillaume ! »

Au moment de partir, le Kronprinz remarque un petit objet par terre. Il s'approche, se penche et ramasse l'harmonica posé à côté de Jorg. Il revient au centre du wagon, afin d'être vu de

---

1. **Poméranie** : région située en bordure de la mer Baltique, tour à tour allemande, polonaise et en partie suédoise.

tous. Il montre l'harmonica à l'assemblée puis l'écrase de deux coups de talon.

Enfin il pointe de sa cravache[1] la croix de fer[2] que porte Horstmayer en disant :

30 — On commence à la donner à n'importe qui !

Un dernier regard aux hommes et le Kronprinz descend du train. La porte coulissante replonge dans la pénombre les occupants du wagon.

Dehors, sous un pâle soleil d'hiver, le Kronprinz, escorté de 35 quelques officiers supérieurs, regagne les voitures officielles qui ronronnent sous des arbres dénudés.

Dans le train, les hommes se regardent sans dire un mot, méditant la terrible nouvelle qui les prive du bonheur inestimable de revoir ceux qu'ils aiment. Jorg entonne, bouche fermée, les 40 premières notes de la chanson des Écossais *I'm dreaming of home*[3].

Ses compagnons le regardent puis, lentement, se joignent à lui, sans ouvrir la bouche non plus. Peu à peu ces voix sourdes s'unissent et s'enhardissent.

45 Le Kronprinz s'immobilise dans les hautes herbes au milieu desquelles court la voie ferrée. Il tend l'oreille et se retourne vers ce train qui, lourdement, se met en branle, tandis que les voix se font entendre, malgré le vacarme métallique de la machine en partance.

50 Dans le wagon, les hommes semblent se libérer d'un poids en reprenant avec détermination et sans colère ce chant sans paroles mais qui, maintenant, résonne si fort en eux.

Le Kronprinz fouette les hautes herbes avec sa cravache avant de prendre place dans sa voiture.

---

1. **Cravache :** badine flexible dont se servent les cavaliers.
2. **Croix de fer :** distinction militaire allemande récompensant la bravoure.
3. Voir la note 3, p. 70.

Épilogue

Bien sûr, la guerre a repris ses droits. Elle a même basculé dans l'horreur de la destruction pour la destruction.

Lorsque Noël 1915 a pointé son nez, les états-majors avaient bien retenu la leçon et ne se sont pas laissé prendre au dépourvu : ils ont fait bombarder les secteurs trop calmes à leurs yeux. Il n'y a plus eu de fraternisations comme en 1914.

Au bout de quatre ans et dix millions de morts âgés de 17 à 45 ans, l'Allemagne a capitulé et rendu à la France les deux provinces perdues[1].

Poincaré est allé faire le discours qu'il attendait tant, au pays de son enfance[2]. Les bolcheviks[3] ont changé la face du monde durant les huit décennies où ils ont pu se maintenir au pouvoir en Europe, tandis que les États-Unis prenaient goût à jouer les gendarmes du monde, et pour longtemps.

Dans les départements aux abords du front, on s'est habitué à déterrer des obus. Il y en a encore pour sept siècles, dit-on.

Tous les protagonistes victorieux de ce conflit ont donné leurs noms à des rues, des places, des écoles aussi.

La rue Vavin n'a pas été débaptisée. Peut-être, au début des années vingt, deux anciens lieutenants de la Grande Guerre se sont-ils retrouvés là pour prendre un verre. Ce serait... chouette, c'est comme ça qu'on dit, non ?

---

1. L'Alsace et la Lorraine, « perdues » en 1870.
2. Poincaré était né à Bar-le-Duc, dans le département de la Meuse.
3. **Bolcheviks :** Russes, partisans de Lénine ; plus tard, le mot désignera les communistes.

Annexe :

Les fraternisations de la Grande Guerre

Le 24 décembre 1914, à peine cinq mois après le début de la guerre, des soldats britanniques et allemands ont, d'un commun accord, cessé de se battre et fêté ensemble Noël. En France, ces fraternisations, qui se produisent sur toute la ligne du front, seront tenues secrètes par les autorités militaires.

Le 2 août 1914, la France décrète la mobilisation générale ; le 3, l'Allemagne déclare la guerre à la France et envahit la Belgique.

Tous les citoyens français de 20 à 48 ans ayant fait leur service militaire sont rappelés dans les casernes. La plupart ignorent les causes de ce nouveau conflit mondial. Résignés mais convaincus de revenir bientôt chez eux, ils laissent leur femme, leurs enfants, leurs parents âgés, quittent leur ville ou leur village, leur travail ou leur ferme. Les généraux français s'imaginent qu'ils vont mener une guerre rapide et écraser l'armée de l'empereur Guillaume II. Leurs soldats aussi. Les jeunes sont les plus enthousiastes. Sûrs d'eux-mêmes, remplis de courage, ils veulent se battre pour défendre leur pays et sont certains que la guerre ne durera pas. Les premières victoires françaises semblent leur donner raison. En septembre 1914, la bataille de la Marne, remportée par Joffre, stoppe l'avancée des troupes allemandes et sauve Paris. Les Allemands tentent alors de s'emparer des ports de la mer du Nord et de la Manche. Les Français, les Britanniques et les Belges s'efforcent de les en empêcher. C'est la « course à la mer ». Elle se termine par la bataille d'Ypres, en novembre 1914, qui, à nouveau, bloque la progression allemande. Mais les Français et les Britanniques se trouvent à présent immobilisés, face aux Allemands, sur une ligne longue de 700 kilomètres, la zone des combats appelée le « front », qui s'étire des Vosges à la mer du Nord.

Au début, pour s'abriter des tirs, les soldats creusent des trous assez profonds pour y tenir debout, puis les relient par des couloirs de la hauteur d'un homme. Cette tranchée dans la terre, large de 2 mètres et protégée par des barbelés, leur sert à la fois d'abri et de point de départ lors des attaques contre l'ennemi. C'est une nouvelle stratégie militaire qui va être appliquée pendant trois interminables années. Tenter de gagner quelques centaines de mètres sur l'adversaire, le contraindre à reculer, tels sont les ordres donnés par les commandements français et allemand à leurs hommes.

Voilà pour la théorie. En pratique, cela veut dire bombarder les tranchées ennemies, pendant des jours et des nuits, puis s'élancer hors de son refuge et courir sous les balles, tomber dans les trous d'obus, se relever si l'on a de la chance, courir encore, le fusil à la main, couper les barbelés qui n'ont pas été détruits par les obus, et se battre, souvent au corps à corps, avec les survivants de cet enfer. À ces assauts sanglants et souvent inutiles, car les soldats ne progressent guère, s'ajoutent les conditions de vie éprouvantes dans les tranchées. Il est impossible de se laver, de se raser, ce qui vaut aux hommes le surnom de poilus ; il faut dormir à même le sol, tenter de lutter contre le froid glacial de l'hiver, l'humidité permanente, les poux et les rats qui galopent dans les boyaux de terre et dévorent la nourriture, résister à la faim, à la soif qui vous tenaille lorsque le ravitaillement se fait attendre, et surtout ne pas succomber au désespoir.

C'est après deux mois de cette existence inhumaine que se produit, à la Noël 1914, un événement extraordinaire. Il a lieu sur la partie du front tenu par le corps expéditionnaire anglais dans la région de Lille. Le 24 décembre, le temps se met subitement au beau. Il gèle à pierre fendre mais la glace qui recouvre tout étincelle au soleil et le ciel est d'un bleu limpide. Un changement climatique qui réchauffe le cœur des hommes, si tristes de ne pouvoir retourner dans leurs foyers à cette époque de l'année. La nuit venue, des chants de Noël s'élèvent des tranchées allemandes. Quelques dizaines de mètres seulement les séparent de leurs voisins britanniques qui se mettent à applaudir et chantent à leur tour. Des lanternes et des petits sapins illuminés sont posés sur le parapet des Allemands, ce talus protecteur édifié devant la tranchée. Les Britanniques veulent faire de même. Ils n'ont pas de sapins mais toutes les bougies qui ont été trouvées sont plantées sur des baïonnettes. Bientôt, les poilus des deux camps escaladent leurs tranchées et s'assoient sur leurs parapets respectifs. Puis certains s'enhardissent et s'avancent dans le no man's land cette étendue vide qui sépare les combattants en temps normal. Des officiers discutent ensemble et, sans en informer leur hiérarchie, se mettent d'accord sur une trêve, un arrêt complet des coups de feu pendant vingt-quatre heures.

Le lendemain, jour de Noël, des centaines de soldats, britanniques et allemands, oubliant toute hostilité, se retrouvent en terrain découvert et discutent ensemble comme de vieux amis ou des membres d'une même famille. C'est ce que l'on appelle la « fraternisation ». Il n'y a pas de Noël sans échange de bons vœux et de cadeaux et personne n'oublie cette tradition. Du tabac anglais est échangé contre des cigares allemands, du chocolat contre des tonneaux de bière que les hommes boivent ensemble, des écharpes contre des gants. À la joie collective succède le recueillement lorsque des offices religieux communs sont célébrés et que les morts britanniques et allemands sont enterrés. Enfin, un match de football est organisé sur le no man's land et des photos de groupe sont prises par les soldats en souvenir de cette journée exceptionnelle. Pourtant sévèrement critiquée par les généraux, la trêve de Noël fait la une des journaux anglais et ne sera suivie d'aucun procès en cour martiale, le tribunal militaire d'exception. Toutefois, en

France, pour faire disparaître les preuves de cet événement, le général Mangin[1] fera confisquer les photographies et interdire les appareils photographiques dans les tranchées.

D'autres trêves, plus ou moins chaleureuses, se produiront dans différents endroits du front, de manière spontanée entre Français et Allemands. Bientôt, la guerre reprend, plus sanglante que jamais avec les attaques d'Artois et de Champagne. Ainsi, le miracle ne se reproduira pas un an plus tard, à la Noël 1915. D'abord surpris par l'ampleur de ces trêves, les chefs de toutes les armées ont tout fait pour empêcher qu'elles ne se renouvellent.

Cependant, la correspondance des soldats révèle, tout au long de la guerre, des cas d'entente entre poilus français et allemands allant de la simple entraide à la véritable fraternisation. Dans certains secteurs du front, des trêves sont conclues pour permettre aux soldats épuisés de sortir des tranchées, par exemple en cas d'inondation, lorsque tous pataugent dans l'eau boueuse jusqu'à la taille. Ces moments précieux de paix partagée leur permettent alors de consolider les abris qui s'effondrent et de faire du feu pour se réchauffer sans être mitraillés par l'adversaire.

Parfois, tôt le matin, ce sont des projectiles bien particuliers qui atterrissent dans la tranchée d'en face. Par exemple, des grenades allemandes, vidées de leur charge explosive et remplies de tabac. La riposte, immédiate, arrive sous forme de chocolat ou de boule de pain. On communique au moyen de bouts de papier attachés à des pierres à la barbe des officiers, et parfois l'on se rend visite d'une tranchée ennemie à l'autre.

Fraterniser est bien sûr interdit et le code de justice militaire considère qu'il s'agit d'un crime d'intelligence avec l'ennemi. Il doit être puni de la peine de mort. Les contacts entre Français et Allemands ont lieu plus facilement en avant de la ligne de front,

---

1. **Charles Mangin (1866-1925)** : général français placé à la tête de la VIe armée, puis mis en disponibilité à la suite de l'échec de l'offensive de Robert Nivelle, en avril 1917, et rappelé peu après.

depuis ces petits postes de garde qui permettent de surveiller l'ennemi. Mais gare à celui qui se fait prendre ! En décembre 1915, un Français menacé d'être fusillé le lendemain par son capitaine préfère se réfugier chez les Allemands et se constituer prisonnier.

La lassitude des poilus est la même dans les deux camps. La souffrance, la peur, la mort, l'instinct de survie, rapprochent ces hommes dont l'ennemi n'est plus le soldat de l'autre camp, mais la guerre. Alors pour ne pas subir un déluge de feu et sauver leur vie, certains donnent carrément à leurs voisins d'en face les horaires des attaques et signalent l'explosion des mines, comme en septembre 1916. Du côté français, comme du côté allemand, les petits postes et les premières lignes du front sont évacués à l'heure prévue. Quand le commandement militaire s'en aperçoit, il change les troupes de secteur.

Il ne faut pas en conclure que ces épisodes de paix sont la règle dans un conflit qui est loin d'être achevé et réserve encore de terribles épreuves aux soldats des deux camps. Après la victoire française, décisive, de Verdun, en février 1916, et ses 700 000 morts des deux côtés, et la bataille de la Somme en juillet, l'offensive meurtrière française du Chemin des Dames en avril 1917 provoquera des mutineries parmi les régiments qui refusent de remonter vers le front. Il ne s'agit plus de fraternisations mais d'une révolte des troupes désespérées par les assauts inutiles décidés par l'état-major. D'autres fraternisations se déroulèrent sur le front russe dans des circonstances différentes puisqu'elles eurent lieu en même temps que des mutineries de grande ampleur qui aboutiront à la Révolution[1]. En 1918, sur le front de l'Ouest, la reprise de la guerre de mouvement fera disparaître toute occasion de fraterniser.

Se souvenir de ces gestes de sympathie et d'amitié entre ennemis déclarés, moments volontairement effacés des livres

---

1. La révolution d'Octobre, en 1917, qui allait donner naissance à l'URSS.

d'histoire et longtemps oubliés par la mémoire collective, c'est rendre hommage à tous les malheureux poilus de la Grande Guerre et à leur désir de paix.

C. C.

POUR
APPROFONDIR

Clés de lecture

Séquence 1
Chapitre I (pp. 23-28)

Action et personnages

1. Où se déroule l'action ?

2. Quand se déroule-t-elle ?

3. Qui sont Palmer et Jonathan Dale ?

4. Qui sont Anna Sörensen et Nikolaus Sprink ?

Langue

5. Quel est le principal temps du récit ?

6. Donnez la fonction du mot « idylles » dans la phrase « Il a vu des idylles se nouer » (p. 23, l. 9).

7. Relevez trois manières différentes d'exprimer le temps.

8. Réécrivez au style direct la phrase suivante : « Palmer se demande combien de temps encore Jonathan restera à son service » (p. 23, l. 19-20).

Genre ou thèmes

9. Qui prend en charge le récit ? Quelle est sa principale caractéristique ?

10. En quoi les deux parties qui structurent ce chapitre sont-elles symétriques ?

11. Pourquoi ce chapitre insiste-t-il tant sur l'avenir ?

12. En quoi les réactions de Palmer et de Nikolaus Sprink sont-elles voisines ?

À retenir

On appelle narrateur (narratrice) celui (celle) qui prend en charge un récit. Sauf dans le cas d'une autobiographie, le narrateur ne se confond jamais avec l'auteur. Quand le lecteur ne sait rien de ce narrateur, qui, lui, en revanche, sait tout des personnages, il est qualifié de « narrateur omniscient ».

Clés de lecture

Séquence 2
Chapitres II à V (pp. 29-50)

Action et personnages

1. Que s'est-il passé entre la fin du chapitre I et le début du chapitre II ?
2. Que décrivent les chapitres II, III et IV ?
3. Pourquoi le narrateur ne suit-il pas, dans ces chapitres, l'ordre chronologique ?
4. Qu'a de mystérieux et de presque anormal la visite du général au lieutenant Audebert ?

Langue

5. « Advienne ce que devra ! » (chap. II, p. 31, l. 79) : identifiez la forme verbale « advienne » et justifiez son emploi. Quel est le sujet de « devra » ?
6. Relevez deux expressions différentes indiquant la manière dans l'ensemble de ces chapitres.
7. Relevez trois manières différentes d'exprimer l'ordre.
8. Analysez la phrase suivante : « L'effort accompli, il croise le regard de celui qu'il a hissé et qui n'est pas encore mort » (chap. IV, p. 42, l. 36-37).

Genre ou thèmes

9. En quoi le chapitre II appartient-il au registre pathétique ?
10. En quoi le chapitre III appartient-il au registre tragique ?
11. Comment la visite du mystérieux visiteur relance-t-elle l'action ?
12. En quoi les chapitres IV et V, en dépit de leurs évidentes différences, sont-ils parallèles ?

À retenir

Le registre pathétique est le registre de l'expression de la souffrance, physique ou morale. Le registre tragique concerne le sens, ou l'absence de sens, d'une action par ailleurs pathétique. Proches, parfois confondus, les deux registres ne sont pas identiques.

Clés de lecture

Séquence 3
Chapitres VI à VIII (pp. 51-67)

Action et personnages

1. Comment se prépare la veillée de Noël dans les tranchées allemande et française (chap. VI) ?
2. Quel jugement Horstmayer porte-t-il sur son subordonné Nikolaus (chap. VI) ?
3. Quel est le comportement des propriétaires du château où se rend Anna (chap. VII) ?
4. Quel effet produit le chant d'Anna et de Nikolaus sur l'assistance (chap. VIII) ?
5. Quelle décision prennent Anna et Nikolaus (chap. VIII) ?

Langue

6. Analysez la phrase suivante : « Pourtant, on devine les créneaux d'où pointent quelques mausers prêts à faire feu au cas où une cible inespérée se présenterait » (chap. VI, p. 51, l. 21-23).
7. Relevez les expressions de la concession dans les chapitres VI et VII.
8. Relevez deux manières d'exprimer le but dans les chapitres VII et VIII.
9. Identifiez la forme verbale « voie » et justifiez son emploi dans la proposition suivante : « pour qu'il ne voie qu'elle » (chap. VIII, p. 65, l. 66).

Genre ou thèmes

10. En quoi le chapitre VI est-il tragi-comique ?
11. En quoi le chapitre VIII est-il un duo d'amour ?
12. Quelle description, certes partielle, les chapitres VII et VIII font-ils de la société allemande ?

🔍 À retenir

Comme son nom l'indique, le tragi-comique est un mélange de comique (comique de situation, de gestes ou de mots) et de tragique, lequel réside, ici, dans le contexte de la guerre. Même lorsqu'il n'y a pas de combat, tout ce que font les soldats est contaminé par l'omniprésence de la mort.

Pour approfondir

Clés de lecture

Séquence 4
Chapitres IX et X (pp. 69-94)

Action et personnages

1. Quel est le rôle de la musique et du chant dans l'épisode de la fraternisation (chap. IX) ?
2. Qui donne le signal de la fraternisation (chap. IX) ?
3. Que font précisément Français, Écossais et Allemands durant la nuit de Noël (chap. IX) ?
4. Que propose Anna à Nikolaus (chap. X) ?
5. Comment se déroule le jour même de Noël (chap. X) ?

Langue

6. Analysez la phrase suivante : « On ne sait plus, de Nikolaus ou des cornemuses, qui appelle ou répond à l'autre » (chap. IX, p. 75, l. 209-210).
7. Quel est le sens du verbe « rassurer » employé par Horstmayer (chap. IX, p. 77, l. 259) ?
8. « C'est une simple croix en métal » (chap. IX, p. 84, l. 483) : donnez la fonction de « croix ».
9. Dans le segment de phrase « pas mécontent de sa repartie » (chap. X, p. 93, l. 195-196), donnez la fonction de « repartie ».

Genre ou thèmes

10. Comment se maintient l'intérêt dramatique dans ces deux chapitres ?
11. Quels sont, dans ces deux chapitres, les moments comiques ?
12. Comment se manifeste l'absurdité de la guerre ?

À retenir

L'intérêt dramatique, ou suspense (mot anglais issu du français « suspens »), réside dans un moment d'attente angoissée, quand tout peut basculer dans un sens ou dans l'autre, comme c'est ici le cas avec les diverses menaces qui pèsent sur la scène de fraternisation.

Pour approfondir

Clés de lecture

Séquence 5
Chapitres XI et XII (pp. 95-106)

Action et personnages

1. Quelles sont les conséquences de la fraternisation de Noël ?
2. Quel inimaginable coup de théâtre se produit dans le chapitre XI ?
3. Comment se comportent les officiers tant français et écossais qu'allemands (chap. XI) ?
4. Pourquoi les autorités françaises, écossaises et allemandes sont-elles identiques (chap. XII) ?

Langue

5. « Les hommes marchent en évitant les cratères encore fumants » (chap. XI, p. 99, l. 129-130) : donnez la nature et la fonction de « en évitant » et de « fumants ».
6. « Ils vous auraient abattu avant que vous n'ayez fait un pas sur le no man's land » (chap. XI, p. 97, l. 81-82) : analysez la forme verbale « ayez fait ».
7. « Les premières explosions éclaboussent de terre » (chap. XI, p. 99, l. 137) : donnez la nature et la fonction de « premières ».
8. Repérez trois façons d'exprimer la comparaison dans les chapitres XI et XII.

Genre ou thèmes

9. En quoi ces deux chapitres renchérissent-ils sur l'absurdité de la guerre, déjà précédemment dénoncée ?
10. Dans quelle mesure, dans le chapitre XI, la constitution des prisonniers Anna et Nikolaus est-elle un simulacre d'arrestation ?
11. Quelle féroce satire le chapitre XII fait-il de la politique ?
12. Quelle est la part de fiction et de vérité historique dans le chapitre XII ?

🔍 À retenir

Un simulacre est un faux-semblant, quelque chose qui n'a que l'apparence de la réalité qu'il voudrait être. À la différence du simulacre qui n'implique pas de dérision, la parodie, quant à elle, est une caricature, plus ou moins accentuée, d'une réalité.

Clés de lecture

Séquence 6
Chapitres XIII à XVI (pp. 107-118)

Action et personnages

1. Quelles conceptions de la religion le face-à-face de Palmer et de son évêque révèle-t-il (chap. XIII) ?
2. Que deviennent Palmer et Ponchel (chap. XIII et XIV) ?
3. Que devient le chat (chap. XV) ?
4. Quelle double révélation le chapitre XV apporte-t-il ?
5. Que deviennent Horstmayer et ses hommes (chap. XVI) ?

Langue

6. « Que penseront leurs familles de tout ça ? » (chap. XIII, p. 108, l. 34) : donnez la nature et la fonction de « ça ».
7. « Mais celui-ci n'a pas un regard pour son supérieur » (chap. XIV, p. 112, l. 53-54) : donnez la fonction du groupe nominal « pour son supérieur ».
8. Quels sont les différents sens du mot « sentence » (chap. XV, p. 114, l. 37) ?
9. Repérez, dans le chapitre XV, la présence du discours (style) indirect libre.
10. Dans l'exclamation « Vive l'empereur Guillaume ! » (chap. XVI, p. 117, l. 20), quelle est la nature de « vive » ? Justifiez grammaticalement son emploi.

Écriture

11. Imaginez les pensées de Palmer lorsqu'il quitte brusquement « l'église française » qui sert d'hôpital (chap. XIII, p. 107, l. 7).
12. Imaginez les raisons qui poussent le père et le fils, pourtant tous les deux très émus, à ne rien se dire (chap. XV).
13. Que peut bien penser Horstmayer juste après le départ du Kronprinz (chap. XVI) ?

À retenir

Le discours (ou style) direct reproduit textuellement les paroles prononcées : « Je viens ». Le discours indirect les rapporte par un narrateur qui en donne la substance, mais non le texte précis : « Il a dit qu'il viendrait ». Le discours indirect libre, plus souple, supprime les « que » de subordination du discours indirect : « Il viendrait ».

Genre, action, personnages
Le genre

Joyeux Noël emprunte à trois genres littéraires, proches les uns des autres mais non totalement identiques : c'est à la fois un roman historique, un roman de guerre et un « tombeau littéraire ».

Un roman historique

La fraternisation des soldats la veille et le jour de Noël 1914 ne relève pas de la fiction. De nombreuses archives, que Christian Carion a consultées ou exhumées, en conservent la trace. L'annexe intitulée « Les fraternisations de la Grande Guerre » et insérée en fin de volume montre même que cette fraternisation ne fut ni unique ni limitée à la seule région de l'Artois. Preuve supplémentaire de son existence, les autorités civiles et militaires de l'époque ont tout fait pour la cacher. Or on ne censure pas un événement qui n'a pas eu lieu ! Sur cette trame, Christian Carion campe des personnages qui, à défaut d'avoir existé tels quels, sont très vraisemblables. Par là, nous pénétrons dans leurs pensées, nous partageons leurs émotions. Authenticité des faits et présence de la fiction, sans qu'en définitive le lecteur sache ce qui est ou non authentique, constituent la définition même du roman historique.

Un roman de guerre

Toutefois, un roman historique n'est pas nécessairement un roman de guerre. Celui-ci n'en est qu'une forme particulière, née précisément de la Première Guerre mondiale avec la publication, dès 1916, du *Feu* d'Henri Barbusse et de *Sous Verdun* de Maurice Genevoix, décrivant l'horreur des combats auxquels l'un et l'autre ont participé en première ligne. *Joyeux Noël* relate un épisode, longtemps méconnu, de la première année du conflit. Les personnages en sont tous des combattants, englués dans les tranchées. C'est bientôt Noël au front, avec tout ce que ce mot véhicule de paix, d'espérance, de bonheurs familiaux, de joies – en totale contradiction avec ce que les soldats vivent vraiment. La parenthèse se refermera aussi vite qu'elle s'est ouverte, la guerre reprenant ses droits.

Genre, action, personnages

Un « tombeau littéraire »

De vieille tradition, le tombeau littéraire consistait en un recueil, souvent collectif et en vers, destiné à perpétuer la mémoire d'un personnage important qui venait de disparaître. Les mots étaient censés assurer une éternité plus solide que les stèles ou les plaques commémoratives. Bien qu'il soit en prose et qu'il évoque des êtres ordinaires, *Joyeux Noël* s'inscrit dans cette tradition. Né en 1963, Christian Carion ne peut évidemment livrer un témoignage personnel. Mais il écrit pour l'Histoire et en mémoire des combattants. Lui-même le reconnaît volontiers dans son « avant-propos » : « Ce qu'ils [les soldats] ont fait ne doit pas tomber, à nouveau, dans l'oubli. Plus que jamais, lire rime avec souvenir. » *Joyeux Noël* est donc bien, à sa façon, un « tombeau littéraire ».

Les registres

Les registres sont la traduction des émotions dans et par le langage. On en discerne trois dans *Joyeux Noël*, d'ampleur et d'importance inégales : le pathétique, le tragique et, de manière plus inattendue, le comique.

Le registre pathétique

Expression de la souffrance physique ou morale, le registre pathétique est le plus présent. Il est intimement lié au thème de la guerre. Ce sont, juste avant l'assaut, l'angoisse qui saisit les soldats jusqu'à en vomir (chap. II), puis la ruée à la tuerie, le sang qui « éclabousse les mourants comme les vivants » (chap. IV, p. 42, l. 28). Les cris de ces jeunes hommes, agonisant sur le no man's land, appelant au secours, maudissant les fauteurs de guerre, s'accrochant au souvenir de leur femme, de leur mère ou de leurs enfants, sont littéralement insupportables (chap. III). Le pathétique est parfois moins violent mais tout aussi bouleversant, comme le face-à-face d'un fils, lieutenant, et de son père, général, qui ne se comprennent plus (chap. XV), ou les lettres faussement rassurantes que Jonathan envoie à sa mère (chap. VI et X).

Genre, action, personnages

Le registre tragique

Cette somme de souffrances engendre le tragique dans la mesure où elle est vaine. Et les soldats le savent mieux que quiconque : ils meurent pour rien. « Tout ça est complètement absurde maintenant. Mourir demain sera encore plus inutile qu'hier ! » (chap. XI, p. 96, l. 34-35), lance Nikolaus à son lieutenant. Quant à Audebert, il comprend mieux ceux qu'il combat que ses compatriotes de l'arrière (chap. XV). Sans la guerre, il pourrait être le meilleur ami d'Horstmayer. La fraternisation montre que les hommes ne sont pas faits pour s'entre-tuer, mais pour s'entendre. Et pourtant ils s'affrontent. Ponchel, lui, meurt bêtement, tué par un de ses compagnons d'armes, à la suite d'une tragique méprise (chap. XIV). L'absurdité atteint son comble quand le général avoue avoir reçu « l'ordre d'enfermer le chat pour entente avec l'ennemi, haute trahison... » (chap. XV, p. 114, l. 48-49) !

Le registre comique

La présence du registre comique étonne pour le moins. Le contexte la rend évidemment éphémère. Le parler chtimi de Ponchel, les hésitations du chat roux à choisir son camp (chap. IX), la scène de coiffure qui s'achève dans un éclat de rire (chap. VI), le bizutage du commandant écossais que Palmer s'amuse à faire passer par les « chiottes », dans lesquelles il perd son képi (chap. VI), font sourire. Mais ce comique, parfois gras, possède une teinte particulière. Il ne fait pas oublier la guerre. Il en fait même ressortir, par contraste, l'inhumaine et terrible présence. C'est, en quelque sorte, un comique voilé.

L'action

L'action de *Joyeux Noël* est linéaire, complexe, inattendue et, à certains égards, paradoxale.

Une action linéaire

Les événements, qui se déroulent d'août à la fin de décembre 1914, s'enchaînent logiquement les uns avec les autres. Immédiatement après la mobilisation (chap. I) viennent les combats, sanglants et

Pour approfondir

Genre, action, personnages

meurtriers (chap. II à IV). Une trêve est décidée pour Noël : on boit et on chante, on assiste à la messe et on joue au foot (chap. V à X). La fraternisation atteint son sommet quand les ennemis se préviennent des bombardements de leur artillerie respective et se réfugient tour à tour dans les tranchées adverses (chap. XI). Dans chaque camp, les autorités supérieures en demeurent stupéfaites (chap. XII). Les sanctions tombent aussitôt de toutes parts. L'action est rigoureuse, s'organisant selon un schéma de cause à effet.

Une action complexe

Que cette action soit linéaire ne signifie pas toutefois qu'elle soit simple. Si les tranchées et le no man's land qui les sépare constituent le lieu principal, celui-ci n'est pas unique. Le roman se déroule aussi bien en Écosse qu'à Londres, Paris, Berlin ou dans les états-majors à l'arrière du front (chap. I, VIII, XII, XIII, XIV et XVI). Cette multiplicité des lieux permet un enrichissement de l'action en élargissant la vision que le lecteur peut avoir de la guerre. Sur les opérations purement militaires se greffe par ailleurs, intimement et en contrepoint, l'histoire d'amour entre Anna et Nikolaus. Intimement, parce que, sans eux, il n'y aurait pas de chant ni de musique, donc pas d'émotion collective ni de fraternisation. En contrepoint, parce que leur art fait au moins momentanément reculer la barbarie et que leur amour est un hymne à la vie et au bonheur, qui ignore les raisons d'État et les codes militaires.

Une action inattendue

Provoquant un effet de surprise et rythmant le déroulement de l'action, les rebondissements sont nombreux. Après les sanglants combats décrits dans les chapitres II à IV, le lecteur ne s'attend pas à l'initiative d'Anna, ni d'ailleurs le général Zimmermann qui la reçoit sans guère de ménagement (chap. V). La fraternisation est en soi un acte inédit inimaginable seulement quelques heures auparavant. Le mystérieux visiteur, qui tient tant à passer incognito et que reçoit Audebert, ne peut qu'intriguer : pourquoi tutoie-t-il le lieutenant, qui, lui, le vouvoie (chap. IV) ? La réponse ne viendra que beaucoup plus tard, au chapitre XV. La décision de Nikolaus de déserter et de se constituer prisonnier avec Anna est un coup de théâtre. Enfin, que vont devenir

Genre, action, personnages

ces soldats qui, pour avoir osé fraterniser, risquent la peine de mort ? L'intérêt dramatique n'a jamais le temps de faiblir.

Une action paradoxale

Enfin, le ressort de l'action, qui fait tout l'intérêt de l'œuvre, se révèle étonnant. Voici en effet des ennemis qui s'entendent pour ne plus se combattre : ils préfèrent chanter, réveillonner et jouer. Ce sont autant d'occupations banales que seul le contexte de la guerre rend extraordinaires. Cette trêve qui s'instaure de fait transforme l'action en une non-action. Mais c'est cette non-action qui devient essentielle, parce qu'elle est en soi un implacable réquisitoire contre la guerre, ses abominations et sa totale absurdité.

Les personnages

Nombreux, les personnages ne possèdent pas tous le même statut ni la même importance.

Les lieutenants Audebert, Gordon et Horstmayer : des ennemis encore humains

Audebert, le Français, et Gordon, l'Écossais, combattent Horst-mayer, l'Allemand. Ennemis, ils n'en exercent pas moins les mêmes responsabilités et, de ce fait, réagissent souvent de la même façon. La guerre, qu'ils font avec courage, n'a pas détruit leur humanité. Aucun d'eux n'est une machine à tuer. Fils d'un général de division, Audebert songe à sa femme, à son nouveau-né qu'il n'a pas encore vu. Plus raide, Horstmayer, qui a épousé une Française, se prend d'amitié pour son homologue qui est pourtant son adversaire. Placide fumeur de pipe, Gordon veille autant que possible à épargner la vie de ses hommes.

La soprano Anna et le ténor Nikolaus : le triomphe de l'amour

Tous deux forment un couple solaire. Artistes exceptionnels, ca-pables d'émouvoir des publics aussi divers que les amateurs d'opéra et des poilus souvent frustes, ils portent leur art à un sommet rarement atteint. Unis par leur passion pour le chant, ils le sont tout aussi profondément par l'amour qu'ils se portent. Anna fait tout pour sauver l'homme qu'elle aime ; et Nikolaus accepte de déserter par amour pour elle. L'un et l'autre sont à l'origine de la fraternisation, même s'ils ne l'ont pas prévue. Leur couple possède une forte signification symbolique : avec lui, la civilisation s'oppose à la cruauté et la passion à la mort.

Palmer : aumônier, brancardier puis défroqué

Prêtre d'une paisible paroisse écossaise, Palmer s'engage dès le début du conflit comme brancardier. Entièrement dévoué à sa tâche, il assiste les blessés, qu'il évacue vers l'arrière, et les agonisants, qu'il tente de réconforter. Le prêtre qu'il demeure célèbre « la plus importante messe de toute [sa] vie » devant Français et Allemands réunis. Son entrevue avec son évêque, venu lui annoncer son rapatriement, tourne au drame de conscience. Prêchant une religion d'amour, il entend son évêque se servir du nom de Dieu pour appeler à une quasi-croisade contre les Allemands, érigés en symbole du mal absolu. Scandalisé, Palmer renonce à son état ecclésiastique (chap. XIII).

Pour approfondir

Bibliographie et filmographie

Sur la guerre de 1914-1918

La France en guerre, 1914-1918 : la grande mutation, Jean-Jacques Becker, éditions Complexe, 1988.

Les Journaux des tranchées, Jean-Pierre Tubergue, éditions Italiques, 1991.

La France dans la Première Guerre mondiale, Ralph Schor, Nathan, 1997.

Journaux de combattants et de civils de la France du Nord dans la Grande Guerre, Annette Becker, Presses universitaires du Septentrion, 1998.

14-18, retrouver la guerre, Stéphane Audoin-Rouzeau et Annette Becker, Gallimard, 2000.

Encyclopédie de la Grande Guerre, 1914-1918 : histoire et culture, sous la direction de Stéphane Audoin-Rouzeau et Jean-Jacques Becker, Bayard, 2004.

Sur les écrivains dans la guerre

Écrivains dans la Grande Guerre : de Guillaume Apollinaire à Stefan Zweig, Marie-France Frémeaux, *L'Express*, 2012.

La Grande Guerre des écrivains : d'Apollinaire à Zweig (anthologie), Antoine Compagnon, Gallimard, « Folio », 2014.

Récits, romans et poèmes de guerre

Le Feu. Journal d'une escouade, Henri Barbusse, Flammarion, 1916.
> ❿ Des extraits ont été publiés et commentés par les éditions Larousse (collection « Petits Classiques », n° 227, 2015).

Calligrammes, Guillaume Apollinaire, Mercure de France, 1918.
> ❿ Des extraits ont été publiés et commentés par les éditions Larousse (collection « Petits Classiques », n° 215, 2014).

Les Croix de bois, Roland Dorgelès, Albin Michel, 1919.

Orages d'acier, Ernst Jünger, 1920.
> ❿ La guerre vue du côté allemand.

À l'ouest rien de nouveau, Erich Maria Remarque, 1929.
> ❿ La guerre vue depuis les tranchées allemandes.

La Main coupée, Blaise Cendrars, Denoël, 1946.

Pour approfondir

Bibliographie et filmographie

Ceux de 14, Maurice Genevoix, Flammarion, 1949.
> ▶ Le texte intégral, revu et corrigé, a été publié aux éditions Flammarion en 1949 et réédité dans la collection « Points » en 2011. Il a également été republié par les éditions Omnibus en 2000. Des extraits ont été publiés et commentés par les éditions Larousse (collection « Les Contemporains, Classiques de demain », n° 186, 2012).

Les Carnets de guerre de Louis Barthas, tonnelier, 1914-1918, Louis Barthas, Maspero, 1977 ; réédition La Découverte, 1997 et 2003.

Filmographie

À l'ouest rien de nouveau, à signaler deux adaptations cinématographiques du roman de E. M. Remarque : celles de Lewis Milestone (1930) et de Delbert Mann (1979).

Les Sentiers de la gloire, Stanley Kubrick, 1957.

La Vie et rien d'autre, Bertrand Tavernier, 1989.

La Chambre des officiers, François Dupeyron, 2001.

Un long dimanche de fiançailles, Jean-Pierre Jeunet, 2004 (d'après le roman de Sébastien Japrisot, 1991).

Cheval de guerre, Steven Spielberg, 2011.

Apocalypse. La Première Guerre mondiale, Isabelle Clarke et Daniel Costelle, série documentaire en cinq parties, 2014 (DVD).

Ceux de 14, Olivier Schatzky, téléfilm en six épisodes, 2014 (DVD).

Apocalypse Verdun, Isabelle Clarke et Daniel Costelle, téléfilm documentaire, 2016 (DVD).

La Tranchée des espoirs, Jean-Louis Lorenzi, téléfilm, 2016.

Verdun, ils ne passeront pas, Serge de Sampigny, téléfilm, 2016.

Pour approfondir

Dans la même collection :

LAROUSSE s'engage pour
l'environnement en réduisant
l'empreinte carbone de ses livres.
Celle de cet exemplaire est de :
350 g éq. CO_2
Rendez-vous sur
www.larousse-durable.fr

PAPIER À BASE DE
FIBRES CERTIFIÉES

Imprimé par La Tipografica Varese Srl (Italie)
Dépôt légal : août 2016 – 314775/01
N° de projet : 11027169 – juillet 2016